경성에도 자동차시대는 왔다

김도경_경북대학교 기초교육센터 글쓰기교과 초빙교수

경북대학교 국어국문학과를 졸업하고 동대학원에서 박사학위를 받았다. 식민지 시기 문학과 문화에 대해 연구하고 있다.

경북대학교 인문교양총서 62
경성에도 자동차시대는 왔다
자동차 모빌리티와 정동의 변화

초판 1쇄 인쇄	2025년 3월 7일
초판 1쇄 발행	2025년 3월 14일
지은이	김도경
기 획	경북대학교 인문대학
펴낸이	이대현
편 집	이태곤 권분옥 임애정 강윤경
디자인	안혜진 최선주 강보민
마케팅	박태훈
펴낸곳	도서출판 역락
출판등록	1999년 4월 19일 제303-2002-000014호
주소	서울시 서초구 동광로 46길 6-6 문창빌딩 2층 (우06589)
전화	02-3409-2060
팩스	02-3409-2059
홈페이지	www.youkrackbooks.com
이메일	youkrack@hanmail.net

ISBN 979-11-6742-905-6 04810
978-89-5556-896-7 04080(세트)

*정가는 뒤표지에 있습니다.
*잘못된 책은 바꿔 드립니다.

이 책은 정부재정(지원)사업(국립대학육성사업)으로 한국연구재단의 지원을 받아 경북대학교 인문대학에서 제작되었습니다.

경성에도 자동차시대는 왔다
― 자동차 모빌리티와 정동의 변화

김도경 지음

경북대학교 인문교양총서

062

역락

목차

I. **기차에서 자동차로,
「무정」의 세계에서 「재생」의 세계로**   7

II. **자동차시대가 오기까지**   19

    1. 활동사진 속을 달리는 자동차   21
    2. 시뻘건 두 눈깔을 번뜩이며
       방귀를 뀌면서 달려오는 괴물   27
    3. 외상은 절대 불가, 미터 택시의 등장과 택시 경쟁   35
    4. 자동차왕 포드의 아시아 진출   45
    5. 포드와 제너럴모터스의 격돌   51
    6. 자동차의 '급'과 취미로서의 자동차   56
    7. 1929 조선박람회와 경성의 자동차시대   65

III. **자동차의 뒷좌석, 체험되는 자동차 모빌리티**   73

    1. 자동차, 새 시대의 다이아몬드 반지   75
    2. 자동차는 부랑자나 타는 것   80
    3. 둘만의 공간, 밀실의 모빌리티   85
    4. 신혼여행은 자동차로, 자동차 신혼여행 잔혹사   93
    5. 승객, 속도와 방향의 주인이 되다   99

IV.   자동차의 운전석, 자동차 안의 바깥   105

　　　1. 운전수의 자격, 운전 실력은 물론 인격과 일본어까지   107
　　　2. 고소득 하이칼라 직업의 이면   114
　　　3. 여성 택시 운전수의 애환   122
　　　4. 자동차 안의 유령, 자동차 운전수   129
　　　5. 자동차 안의 바깥, 운전석이라는 회색 지대   137

V.   자동차의 바깥, 차창 너머   143

　　　1. 가솔린은 문명의 냄새   145
　　　2. 살인 자동차, 인명 살상이 본업   151
　　　3. 자동차 사고 손해배상청구소송과 목숨값의 셈법   160
　　　4. 자동차시대, 김첨지들의 운명은?   172
　　　5. 자동차 바깥의 풍경과 행인의 시선   180

VI.   자동차 모빌리티, 그 거센 변화의 물결
　　　―모빌리티 체험의 분화와 상상적 연대의 붕괴   191

I.

기차에서 자동차로,
「무정」의 세계에서「재생」의 세계로

모빌리티란 사람, 사물의 이동과 이러한 이동을 가능하게 하는 시설을 포괄하는 폭넓은 의미에서의 이동성을 뜻한다. 이동은 어떤 공간에서 다른 공간으로 옮겨가는 것을 의미하는데, 여기에는 필연적으로 시간이 소요된다. 칸트는 시간과 공간이야말로 인간이 외부의 세계를 인지하는, 선천적으로 주어진 주요한 틀이라고 말한 바 있다. 칸트의 말대로 인간은 시간과 공간의 개념을 통해 세계를 경험하고 인식한다. 그런데 근대 이후 모빌리티의 눈부신 발달은 시간과 공간에 대한 경험을 크게 뒤바꾸었고 이는 인간이 세계를 받아들이는 방식에도 지대한 영향을 미치게 되었다. 근대의 모빌리티는 공간과 시간의 개념을 변화시켰고 이것은 사회 관계망의 일대 혁명인 동시에 개인의 내면을 뒤흔드는 변화였다.

그간 근대의 모빌리티를 상징하는 매체로 주로 논의되어 왔던 것은 기차였다. 1899년 조선에 최초로 철도가 개통된 이래, 기차 모빌리티는 시공간의 급격한 변화를 견인했다. 기차는 다양한 지형을 균질적인 공간으로 변형시키고 엄청난 속도를 바탕으로 시공간을 압축하였다. 또한 탑승객들은 정해진 시간에 맞춰 기차에 탑승해야 하므로 철도의 도입은 조선에 국제적인 표준시를 도입하는 데 절대적인 영향을 미치게 되었다. 사람들은 기차를 이용하기 위해 같은 곳에서 기다리다 시간이 되어 기차가 도착하면 함께 탑승한다. 기차를 함께 기다리고, 타는 행위를 통해 이들은 서로를 만나게 되고 동시적으로 모빌리티를 체험하게 된다. 이렇게 다수의 사람들이 모여 하나의 방향으로 이동한다는 점에서 기차 모빌리티는 그야말로 근대성에 대한 탁월한 은유라 할 수 있다.

새로운 모빌리티로서의 기차의 특질은 한국 문학사에서 최초의 근대적 장편소설로 꼽히는 이광수의 「무정」에 잘 드러나 있다. 「무정」의 주인공 형식은 김장로의 딸인 선형과 과거 스승의 딸이자 집안이 몰락하여 기생이 된 영채 사이에서 갈등하다 영채가 죽었다고 생각하고 선형과 약혼하여 미국 유학길에 오른다. 영채는 기차에서 우연히 도쿄유학생인 김병욱을 만나 그의 설득으로 죽지 않고, 병욱과 함께 도쿄 유학을 준비한다. 형식과 선형, 병욱과 영채는 각각 유학을 떠나려던 기차 안에서 우연히 조우하게 된다. 유학을 떠나는 이 조선 청년들을 태운 기차는 삼랑진 수해로 인해 지연되고, 이들은 수재민 의연금을 모금하기 위한 자선음악회를 열었다. 형식을 비롯한 청년들은 이 과정에서 목격한 조선과 조선 사람에 대한 구제를 다짐하였다. 작품의 말미에는 유학을 마친 넷의 후일담이 덧붙어 있는데 서술자는 이 청년들의 힘으로 조선이 어두움과 무정한 세상에서 벗어날 것이라는 기대를 드러냈다.

「무정」은 1910년대 근대적 계몽주의를 대표하는 작품으로 곧잘 언급되어 왔으며, 작품 속에서 기차는 근대성과 계몽의 상징으로 읽혀왔다. 한 근대소설 연구자는 기차야말로 이 소설의 숨겨진 주인공이라 언급하기도 하였다.(김철, 「작품 해설」, 『무정』, 문학과지성사, 2005.) 이광수의 「무정」뿐 아니라, 염상섭의 「만세전」, 현진건의 「고향」 등의 작품에서 기차가 어떤 역할을 하는지는 기존의 연구에서 자주 다루어져 왔는데, 이 중에서도 「무정」에 나타나는 기차의 존재감은 압도적인 것이었다. 주인공들은 기차를 매개로 만나고, 기차를 배경으로 민족을 향한 포부를 드러낸다. 이러한 의미에서 기차는 단순한 이동 수단이 아니라 근대적 주체가 새롭게 태어나는 공간이자 20세기 식민지 조선의 새로운 공공 영역에 대한 표상으로 이해되었다.

"그것을 누가 하나요?" 하고 세 처녀를 골고루 본다. 세 처녀는 아직도 경험하여 보지 못한 듯한 말할 수 없는 정신의 감동을 깨달았다. 그러고 일시에 소름이 쪽 끼쳤다. 형식은 한번 더, "그것을 누가 하나요?" 하였다. "우리가 하지요!" 하는 대답이 기약하지 아니하고 세 처녀의 입에서 떨어진다. 네 사람의 눈앞에는 불길이 번쩍하는 듯하였다. 마치 큰 지진이 있어서 온 땅이 떨리는 듯하였다.

이광수, 「무정」

「무정」은 기차를 배경으로 한 형식의 연설과 형식으로 대표되는 근대적 청년들의 다짐으로 마무리되었다. 삼랑진역에서 수해 피해를 입은 이재민들을 목격한 조선의 신청년들은 그들의 기차표와 학비 속에 조선인들의 땀과 눈물이 깃들어 있다는 것을 깨닫게 된다. 그리고 조선을 위해 공부하여 조선에 새로운 문명의 기초를 세우겠다고 결심한다.

이렇게 야심차게 유학을 떠난 청년들은 돌아와서 어떤 삶을 선택했을까? 그리고 그들이 돌아온 조선은 어떤 모습이었을까? 소설 뒤에는 이들의 후일담이 간략하게 덧붙어 있다. 그런데 이 후일담은 그들이 조선에 돌아온 다음이 아니라, 막 유학을 마친 그들의 지난 유학 생활과 앞으로의 계획을 소개하는 데서 그치고 있다. 기차를 타고 유학길에 올랐던 그들이 조선에 어떤 새로운 문명을 가져오는지, 그리고 그것이 식민지 조선을 어떻게 변모시킬지에 대해 「무정」은 보여주지 않았다.

1910년대 후반, 조선과 동포를 위한 포부를 드러냈던 청년들의 그 다음 스텝은 무엇이었을까? 그리고 1920년대 조선 청년들의 삶은 어떠했을까? 이광수는 「무정」을 발표한 지 7년만에 「재생」이라는 장편소설을 통해 1920년대 조선 청년계를 그려냈다. 이 작품은 주인공 순영과 봉구를 중심으로 3.1운동을 거친 1920년대 조선 청년들의 모습을 보여준다. 순영, 순영의 오빠 순흥과 3.1운동에 참여했던 봉구는 체포되어 3년에 가까운 수감 생활을 하게 된다. 출옥한 봉구는 순영을 찾아가지만 순영은 장안의 부자로 이름난 백윤희와 봉구를 저울질하다가 백윤희의 첩으로 들어가버린다. 이후 백윤희와 헤어진 순영은 봉구를 찾아가지만 그에게 외면당하고, 결국 금강산 구룡폭포에서 딸과 함께 투신한다. 봉구와 함께 수감되었던 순흥은 "감옥에서 턱 나오니 산같이 믿었던 동지란 자들은 주색에 빠지지 아니하였으면 제 몸만 돌아보는 이기주의자들이 되어버리고, 애지중지하고 산같이 믿었던 누

이동생은 부자놈의 첩으로 가버리고…… 모든 계획했던 것, 약속했던 것은 모두 물거품이 되고 세상은 전보다 망해지고"라며 순영을 책망하는 동시에 3.1운동 이후 타락한 조선 청년들에 대해 한탄하였다.

이처럼 「재생」은 3.1운동을 거친 1920년대 조선의 청년들의 타락상을 다룬 작품으로 「무정」의 속편이자 후일담으로 알려져 있다. 그런데 공교롭게도 1917년도의 「무정」이 기차를 배경으로 마무리되었다면, 1924년도의 「재생」은 자동차로 시작된다. 이 소설의 시작 부분에서 주인공 봉구는 순영을 위해 자동차를 대절하기 위해 고군분투한다. 3.1운동에 참여했다는 죄목으로 3년에 가까운 수감 생활을 마친 주인공 봉구는 자신이 사랑하던 순영을 만나 그와 함께 금강산으로 여행을 떠나기로 한다. 금강산행은 오랫동안 떨어져 있던 남녀 주인공들의 첫 데이트였던 셈이다. 그런데 늦게 나와 전차를 놓칠 위기에 처하자 순영은 시간에 늦지 않게 자동차를 타고 가자고 제안한다.

「어서 나가야 돼요! 그놈의 청량리 전차를 믿을 수가 있나. 어떤 때에는 이십분씩이나 사람을 기다리게 하는 걸 - 댁에 갔다 오실 새는 없습니다. 바로 나가야지.」하고. (…중략…)
「그럼 바로 나가요! 우리 자동차 불러 타고 나가요! 시간 안 늦게.」하고 고개를 돌려 학생을 본다. 학생도 할 수 없는 듯이 빙긋 웃고는 둘이서 청년회관 문을 나섰다.

「자동차!」 자동차라는 말에 너무 으리으리해서 놀라기도 하였으나 전차를 타고 가다가 아는 사람들을 만나는 것보다는 차라리 돈을 좀 들이더라도 자동차를 달려가는 것을 상상할 때에 학생은 자릿자릿한 기쁨을 깨달았다.

—이광수, 「재생」

봉구는 너무도 자연스럽게 자동차를 타자고 말하는 순영과 자동차라는 말 그 자체에 기가 눌리는 듯한 위화감을 느꼈다. 그러나 그는 사랑하는 순영의 말을 들어주고 싶다고 생각하는 한편, 순영과 함께 자동차로 시원하게 달려가는 장면을 상상하고 이내 기쁨을 느낀다.

그림 1 | 순영을 실은 자동차가 달리는 모습을 표현한 「재생」 연재본의 삽화. 삽화가 안석주는 거친 선을 이용하여 자동차의 속도감을 표현하였다.

1917년 「무정」에서 인물들이 주로 이용하는 것이 기차였던 것과 달리 1924년 「재생」에는 자동차라는 새로운 교통수단이 등장하였다. 이 작품에서 자주 등장하는 모빌리티는 단연 자동차이다. 이와 같은 새로운 모빌리티의 체험은 사람들의 일상과 경험 세계를 크게 뒤흔들었다. 주인공 순영과 봉구는 자동차를 이용해 데이트를 하고, 순영은 대부호 백윤희의 자동차를 타고 그의 집을 오간다. 이때 순영에게 자동차라는 모빌리티의 체험은 그 이전과 이후를 가르는 분기점으로 표현되었다.

운전수가 운전대에서 익숙하게 툭 뛰어 내려서 순영을 슬쩍 보고는 모자를 벗으며 자동차 문을 열고 그리로 올라앉으라는 뜻을 보인다. 순영은 어찌할 줄 모르는 듯이 잠깐 주저하다가 「이럴 게 아니라」 하는 듯이 얼른 귀부인의 위엄을 지으며 한 손으로 치맛자락을 걸어 잡으며 자동차 자리에 올라앉았다. 덜썩 올라 앉을 때에 자리 밑에 있는 용수철(스프팅)이 들썩들썩 순영의 몸을 움직이게 한다. 그것이 순영에게는 퍽 유쾌하였다. 순영은 값나가는 비단으로 돌아 붙인 자동차 내부를 돌아보고 손길같이 두텁고 수정같이 맑은 유리창과 그것을 반쯤 내려 가리운 연회색 문장을 얼른 손으로 만져 보고 그리고는 천장에서 늘어진 팔걸이에 하얀 손을 걸치고는 운전대 뒷구석에 걸린 뾰족한 칼륨 유화에 꽂힌 백국화 송이를 바라보았다. 이때의 순영의 얼굴에는 흥분의 붉은 빛이 돌고 가슴에는 알 수 없는 욕망의 오색 불길이 타올랐다. 자동차에 올라 앉아서 그 오빠가 나오기를 기다리는 순간 - 진실로 순간이다. 삼 분이나 될까 말까 하는 극히 짧은 순간은 순영이가 십 년 동안 학교에서 P부인에게 배운 모든 도덕적 교훈을 이길 만한 큰 인상을 주었다.

— 이광수,「재생」

   백윤희를 만나기 전 순영은 기독교 계열 여학교에 다니면서 오랫동안 미국 유학의 꿈을 품고 있었다. 미국에서 공부하고 돌아와 조선을 위해 헌신하는 것이 순영의 오랜 희망이었던 것이다. 이렇게 볼 때, 순영은 명백히 미국 유학을 통해 조선에 근대적 지식과 문명을 도입하고자 하였던「무정」의 형식의 후예이다. 순영이 이 같은 꿈을 키우게 된 데에는 W학교의 서양인 교사 P부인의 영향이 컸다. P부인은 남편이 죽고 나서 이국인 조선 땅에서 교육과 교회에 헌신하는 인물로 순영에게는 부모이자 스승이었고, 순영이 가장 의지하는 인물이었다. 그런데 순영의 이와 같은 신념은 백윤희의 자동차에 오른 순간 단숨에 스러졌다. 백윤희의 자동차에 올라 오빠를 기다리는 3분도 채 안 되는 극히 짧은 순간은 순영이 10년 간 학교에서 배워온 모든 도덕적 교훈과 오랫동안 존경하던 스승의 가르침, 유학이라는 오랜 꿈과 자신의 소명을 잊게 만들 정도로 강렬했던 것이다.
   자동차를 타고 백윤희의 집에 다녀온 순영의 눈에 학교는 이제 따분하고, P부인의 일상 역시 단조롭기 그지없는 것으로 비친다. 이때까지는 그와 같은 생활을 이상으로 품고 있었으나 이제는 우스워 보이고 자기는 그런 생활을 할 수 없다고 생각하게 된다. 순영은 "나는 못해! 못한다는 것보다도 안 해! P부인과 같은 생활은 안 해!"라고 마음속으로 외치기까지 하였다. 그리고 이 장면은 순영의 인생을 가르는 분기점이 되었다. 자동차 모빌리티의 체험은 한 인물이 10년 동안 갖고 있던 가치관과 꿈을 단박에 바꾸는 위력을 가지고 있었던 것이다.

「무정」의 마지막 장면과 그 속편이자 후일담인 「재생」의 첫 장면이 각각 기차와 자동차라는 서로 다른 모빌리티를 배경으로 표현되는 것을 단순히 우연이라 보기는 어렵다. 「무정」의 또 다른 주인공이 기차라면, 자동차야말로 「재생」의 한 주인공이라는 표현 역시 가능할 것이다. 「무정」에서 기차가 그러했듯이 「재생」에서 자동차는 주인공들을 실어나를 뿐 아니라, 그들의 다양한 정서와 행위를 촉발시키는 역할을 수행하였다. 이광수는 기차와 자동차라는 모빌리티의 변화를 통해 1910년대와 1920년대 사이의 조선의 변화를 가시적으로 표현하는 한편, 모빌리티 체험에 따른 사람들의 사유와 정동의 급격한 변화 역시 예리하게 포착해내었던 것이다.

자동차 모빌리티 체험과 이것이 가져온 인식과 정동의 변화는 이광수의 「재생」뿐 아니라, 여러 근대소설 텍스트에 새겨졌다. 그리고 「무정」과 「재생」의 세계를 거쳐 마침내 경성에는 자동차 시대가 도래하게 되었다. 1920년대 후반 자동차가 양적으로 크게 늘어나면서 각종 매체에서는 당시를 자동차시대라 표현하기 시작했다. 자동차시대, 자동차 전성시대, 자동차 황금시대, 택시시대 등 자동차 모빌리티와 관련된 다양한 수사가 이 시기 신문과 잡지에서 발견된다. 경성의 일상적 풍경 속으로 들어온 자동차 모빌리티는 이를 경험한 사람들이 세계를 보는 방식을 크게 변화시켰으며, 이 변화는 근본적인 것이었다. 순영이 자동차에서 체험했던 것은 대체 무엇이었을까? 도대체 자동차의 어떤 점이 한 인간의 오랜 포부마저 송두리째 바꾸어 놓았던 것일까?

II.

자동차시대가
오기까지

1. 활동사진 속을 달리는 자동차

쿠르트 뫼저의 『자동차의 역사』(2021)에 따르면 21세기로 들어선 이후 지구상에는 약 6억 대의 자동차가 굴러다니고 있으며 매년 약 6천만 대의 자동차가 생산된다고 한다. 또한 1990년대 전국 자동차 대수는 천만 대를 돌파하였으며, 2022년 기준 국내 등록된 자동차 수는 2,500만 대를 훌쩍 넘는다. 현재 우리는 일상에서 자연스럽게 자동차를 소유하고 이를 이용하여 이동하며 살아가고 있다. 그러나 이렇듯 자동차 모빌리티가 보편화되기 시작한 역사는 그리 길지 않다. 현재와 같은 내연기관을 장착한 자동차가 지구에 처음으로 등장한 것은 1886년이다. 1910년대만 하더라도 국내에서 자동차를 보는 것 자체가 드문 경험이었다. 자동차가 조선의 거리의 일상적 풍경으로 편입되기 이전, 자동차는 주로 활동사진 속에서나 보는 진기한 볼거리였다.

앞서 「무정」과 「재생」 두 작품의 사이에, 자농자 모빌리티가 본격적으로 등장했다고 언급하였다. 물론 조선에 최초의 자동차가 도입된 것은 「재생」이 발표된 1924년보다 훨씬 이른 시점이었다. 실제로 이광수의 「무정」에도 자동차에 대한 언급이 등장한다. 「무정」에서 주인공 형식은 과거 자신의 스승의 딸인 영채와 정혼을 한 사이이다. 이 사실은 형식에게는 비록 까마득한 과거였지만, 영채는 아버지를 구하기 위해 기생이 된 후에도 여전히 형식과의 정혼을 기억하며 순결을 지켜왔다. 형식을 찾아 상경한 영채는 순결을 빼앗길 위기에 처해 형식에게 유서를 남기고 다시 사라졌다. 이 사실을 알게 된 형식은 영채를 구하러 나서게 된다. 형식이 영채를 구하러 길을 나서 전차를 타려고 하지만, 전차는 그를 본체만체 그대로 떠나버렸다. 결국 형식은 그 자리에서 기다렸다가 다음번 오는 전차를 타는데 이번에는 조급한 마음에 서대문행 전차를 잘못 타게 되었다. 이를 알아채고 전차에서 뛰어내려 바로 뒤에 오는 동대문행 전차를 잡아탄 형식은 초조함을 감추지 못한다.

> 형식은 전차가 일부러 속력을 뜨게 하는 것같이 생각하였다. 과연 야시에 사람이 많이 내왕하여 운전수는 연해 두 발로 종을 딸랑딸랑 울리면서 천천히 진행하더라. 형식의 가슴에는 불이 일어난다. 형식은 활동사진에서 서양 사람들이 자동차를 타고 질풍같이 달아나는 양을 생각하고 이런 때에 나도 자동차를 탔으면 하였다. 형식은 자기가 종로에서 자동차를 타고 철물교를 지나 배오개를 지나 동대문을 지나 청량리를 지나 홍릉 솔품 속으로 달려가는 것을 상상하였다.
> —이광수, 「무정」

운전수가 야시에 오가는 사람들에게 주의를 주며 천천히 전차를 운행하자 형식은 느릿느릿한 전차의 속도에 안달을 내며 자동차를 타고 싶다는 욕망을 강렬하게 느끼게 되었다. 이때 형식에게 자동차에 대한 욕망은 곧 속도에 대한 열망이었다. 형식은 활동사진에서 본 질풍같이 달아나는 자동차에 매료되었고 느릿한 전차 대신 자동차를 타고 달리는 상상을 하였던 것이다.

1900년대부터 일본을 거쳐 조선에도 프랑스와 헐리우드의 영화가 수입, 개봉되기 시작했다. 그리고 일본 유학생들은 동경 유학 중 다양한 활동사진을 처음 접하게 되는 경우가 많았다. 1896년 일본 내에서 최초로 영화가 상영된 이래 영화는 1910년대 주요한 엔터테인먼트로 부상하게 되었다. 이 시기 극장에 걸린 것은 주로 서양 활극이었다고 한다. 아래 사진은 프랑스 영화 〈Zigomar contre Nick Carter〉(1912)의 자동차 추격전 장면이다. 〈지고마〉는 시리즈로 제작되었던 액션 영화로, 탐정인 닉 카터가 도적 지고마를 체포하기 위해 추적하는 내용을 담고 있다.

그림 2 | 〈지고마 후편(Zigomar contre Nick Carter)〉의 자동차 추격신
(1912, Eye Filmmuseum)

이 시리즈는 일본에서 개봉되어 매우 큰 인기를 끌었는데, 이 영화가 개봉되던 1910년대 일본에서 유학했던 염상섭의 소설 「사랑과 죄」에도 이 영화에 대한 언급이 나온다. 주인공 해춘은 언젠가 보았던 영화 〈지고마〉를 떠올리며 순영이 다른 사람에게 납치되지나 않을까 염려했던 것이다. 해춘이 연상한 것은 지고마 같은 악당이 순영과 같은 미인을 자동차로 납치하여 달리는 장면이었다. 염상섭의 「사랑과 죄」는 1927년 8월부터 『동아일보』에 연재되었다. 아마도 염상섭은 일본에서 유학하던 10대 시절 이 영화를 보았을 것이다. 그리고 「사랑과 죄」를 쓰던 30대의 염상섭은 〈지고마〉의 한 장면을 선명하게 기억하고 있었다. 이렇게 영화 속 자동차 추격 신 등은 10여 년이 지난 후에도 생생히 떠오를 만큼 당대의 관객들에게 강렬하게 인지되었다. 조선인들은 거리에서 자동차를 맞닥뜨리기 이전부터 스크린을 통해 자동차를 먼저 접했고 속도감 넘치게 질주하는 자동차에 속절없이 시선을 빼앗겼던 것이다.

「무정」이 창작되던 1910년대, 일반 대중들은 자동차를 이용하기 어려웠다. 그러므로 형식의 머릿속 자동차는 조선이 아니라 가본 적 없는 서양의 어딘가를 달리는 것이었고, 자동차의 좌석을 차지하고 있는 것 또한 서양인이었다. 즉 1910년대 「무정」의 형식에게 자동차는 현실적인 욕망이라기보다는 서양인의 활동사진에서 촉발된 공상적 욕망에 더 가까운 것이었다. 실제로 1910년대 조선 내 자동차 보유 상황은 『전국자동차소유자명부(全國自動

車所有者名簿)』를 통해 확인할 수 있다. 일본 제국자동차보호협회에서는 매년 자동차 소유자 명부를 작성해 발표하였다. 이 명부는 각 지역별로 제시되어 있는데, 이 중 조선이 한 지역으로 포함되어 있다. 이광수의 「무정」이 『매일신보』에 연재되기 이태 전, 1915년에 발표된 명부에 따르면 호텔 등 영업용 자동차를 전부 합해도 60대가 채 되지 않았으며 개인용 자동차를 소유하고 있는 것은 주로 조선 내에 거주하는 일본인이었다.

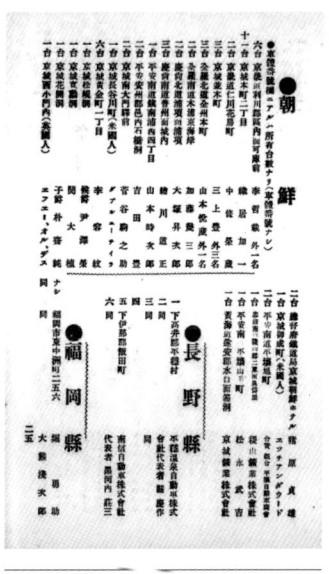

그림 3 | 「朝鮮」 『全国自動車所有者名簿』(帝国自動車保護協会, 1915)

이 명부에 따르면 1915년 기준 조선에서 개인용 자동차를 보유한 조선인은 이용문, 민대식, 윤택영, 박제순 4인에 불과했다. 이 중 이용문은 경성에서 손꼽히는 부호로 이름난 인물이었다. 그는 1920년대 경성에서 조선인 가운데 가장 많은 땅을 보유하고 있는 인물이었다. 그 외에도 호사가로 유명했는데, 1920년대 한 기사에서는 양복이 세상 사람 중에 가장 많으며 조선 옷도 그 못지 않게 많아 경성 안 비단장수의 발길이 그의 집 문간에 끊이지 않았을 정도였다고 전한다. 윤준모가 1975년 저술한 『한국자동차 70년사』에 따르면 이용문은 국내에서 가장 먼저 운전면허를 땄던 인물이기도 하다.

그림 4 | 민영휘의 맏아들이자 1920년대 조선 실업계의 거물이었던 민대식

그림 5 | 한일병합 조약에 서명한 공로로 자작 작위를 받은 박제순

그림 6 | 윤덕영의 동생이자 순정효황후의 부친 윤택영

또한 민대식은 민영휘의 맏아들로 대한제국의 육군 정위로 전역하였으며 1910년대 경성 사교계의 거물이었다. 민대식은 1910년대 경성을 대표하는 대지주로 손꼽힐 정도로 대규모의 부동산을 소유하고 있었다. 그는 일찍부터 자동차에 흥미를 가져 1920년대 들어 경남자동차부(京南自動車部)라는 자동차영업소를 설립, 경영하기도 하였다. 윤택영과 박제순은 일본 황실령에 의거하여 각각 후작, 자작 작위를 받은 조선귀족이었다. 윤택영은 윤덕영의 동생이자 순종의 두 번째 비인 순정효황후의 부친으로 당시에도 씀씀이가 큰 것으로 유명하였다고 전한다. 박제순은 을사오적 중 한 명으로, 1910년에는 내부대신으로서 한일병합조약에 서명한 공로를 인정받아 자작 작위를 받은 인물이다. 1910년대 자동차 소유자들의 면면을 통해 알 수 있듯 이 시기 자동차는 극히 제한된 사람들만 접근, 체험할 수 있는 모빌리티였다. 이러한 의미에서 자동차는 조선인들의 경험 세계에 속한 것이기보다는 활동사진 속의 환상에 가까웠던 것이다.

2. 시뻘건 두 눈깔을 번뜩이며 방귀를 뀌면서 달려오는 괴물

조선 최초의 자동차는 언제, 누구에 의해 도입되었을까? 조선에 자동차가 들어온 것은 황실과 총독부용으로 도입된 것이 최초였다고 한다. 조선에 최초로 자동차가 도입된 시기에 대해서는 1903년설과 1911년설이 있다. 윤준모는 『한국자동차70년사』에서 1903년 고종황제가 외국 공관을 통해 미국에서 어용차 한 대를 들여온 것이 조선 최초의 자동차라 주장하였다. 이와 달리 손정목은 「자동차 사회가 되기까지-한국자동차 100년의 역사」라는 글에서 실록, 일성록, 외교 문서 등 어디에서도 1903년 조선에 자동차를 들여왔다는 기록을 찾을 수 없다는 점과 일본의 자동차 도입 시기를 들어 1911년 최초 도입설을 주장하였다. 두 입장 모두 황실용으로 구입한 미국 리무진을 조선 최초의 자동차라 보고 있다. 이렇게 어용차의 명목으로 자동차를 들여오고 경성에서 승합자동차라는 이름으로 버스 영업이 시작된 이후로도 자동차는 크게 늘지 않았다. 1910년도 중반까지도 조선에서 운행되는 자동차는 두 자리 수에 그쳤던 것이다.

조선인 가운데 가장 먼저 자동차를 탔던 것은 누구일까? 고종보다 더 앞서 자동차를 가장 먼저 탔던 것은 의암 손병희였다고 한다. 잡지 『별건곤』의 기사에 따르면 손병희는 조선인뿐 아니라 조선, 일본, 중국 삼국을 통틀어 가장 먼저 자동차를 탔던 인물이다. 조선, 일본, 중국 삼국 중에서 가장 먼저 자동차가 유입된 국가는 일본이었는데, 이 기사에서는 일본의 첫 번째 자동차를 소유했던 것이 손병희였다고 전한다. 1900년대 초반 일본에 체류 중이던 손병희는 당시 오사카에서 열린 박람회에 미국인이 출품한 자동차 두 대 중 한 대를 구입하였다. 또한 출품자로부터 운전법을 배워 상투에 갓을 쓴 조선옷 차림으로 직접 운전을 하여 오사카 시내를 질주하였다고 한다. 당시 출품되었던 자동차 중 남은 한 대는 일본 궁내성에서 매입하였는데, 기자에 따르면 일본 내에서는 외국인인 조선인에게 한 대가 선점되어 매우 섭섭해했다고 한다. 손병희가 자동차로 오사카 시내를 누비던 당시, 일본 내에서도 자동차는 보기 드문 탈것이었다. 1900년대 중반까지 일본 내 자동차 수는 세 자리를 넘지 않았던 것이다. 그리고 대부분 왕실용이나 상업용 등으로 일반 시민이 개인적으로 자동차를 보유하는 경우는 찾아보기 힘들었다. 이 때문인지 손병희가 자동차를 몰고 나서면 일본인들이 모여 들어 구경을 하며 "대단하구만…대단해! 한국 양반 대단해…"라고 떠들었다고 한다.

한편 일본에서 출판된 『메이지사물기원(明治事物紀原)』에 따르면 일본에 자동차가 들어온 것은 1898년으로, 테브네라는 프랑스인이 판매할 목적으로 돌아온 것이 최초였다. 판매가 성사되지는 않아 테브네는 본국으로 자동차를 갖고 돌아가게 되었다. 이후 1900년 황태자 요시히토 친왕의 결혼을 축하하기 위해 샌프란시스코 거류 일본인회에서 자동차를 헌상하였는데 이 역시 시운전 시 문제가 발생해 사용은 되지 않았다고 한다. 또한 그 이듬해 긴자에 일본 최초의 자동차 판매회사가 설립되었다. 이러한 기록을 참조한다면 한중일 삼국에서 자동차를 가장 먼저 탔던 인물이 손병희라는 것은 다소 과장된 기록일 수 있다. 그러나 손병희가 자동차로 일본의 거리를 달리던 것이 일본 내에서도 매우 이른 시점이었던 것만은 분명해 보인다.

그리고 대한제국의 마지막 황태자 영친왕이 일본에서 자동차를 타고 있는 장면을 찍은 한 장의 사진이 신문에 실린 바 있다. 다음 사진은 1913년 『매일신보』에 실린 것으로, 1909년 일본에서 촬영된 것이다. 이 사진은 영친왕과 일본의 왕족 아리스가와노미야 타케히토 친왕(有栖川宮威仁親王), 그리고 이토 히로부미가 후쿠시마현의 이나와시로 호수로 자동차를 타고 유람에 나서던 장면을 촬영한 것이다. 영친왕은 1907년 황태자로 책봉된 이후 통감으로 부임했던 이토 히로부미를 후견인으로 하여 일본에서 체류하고 있었는데 그 시절 찍힌 사진으로 추정된다.

그림 7 | 1909년 일본에서 자동차를 타고 유람을 떠나는 영친왕의 사진. 왼쪽부터 영친왕, 일본 왕족 아리스가와노미야, 이토 히로부미

함께 찍힌 아리스가와노미야는 일본 자동차 역사에서 매우 중

요한 인물로 손꼽힌다. 그는 "자동차 황족(自動車の宮)"이라는 별명이 붙을 정도로 일본 내 자동차의 도입 및 확산에 선구적인 역할을 한 인물로 알려져 있으며, 일찍부터 자동차에 관심이 많아 스스로 운전을 배워 자동차를 몰고 다니기도 했다. 아리스가와노미야는 1905년 독일 황태자 결혼식에 참석하기 위해 유럽에 방문했다가 프랑스제 자동차를 구입하여 일본으로 들여왔는데, 이를 몰고 평소 교분이 있던 이토 히로부미 저택 등을 자주 방문했다고 한다. 이렇듯 1900년대 일본에서도 자동차는 매우 드물었으며, 일반인들의 생활반경에서는 동떨어진 탈것이었다. 이 시기 일본 내에서 자동차는 왕족이나 고위 관료 등 일부 계층에서 향유되는 물건이었던 것이다.

그림 8 | 일본 자동차의 역사에서 선구적 인물로 평가되는 아리스가와노미야 타케히토(有栖川宮威仁親王)

마찬가지로 조선에서도 거의 1910년대까지 자동차는 낯설고 기이한 것에 가까웠다. 더구나 경성을 제외한 지방에서 자동차를 보기란 하늘에 별 따기처럼 어려운 것이었다. 1917년 5월 순종은 함경남도 함흥으로 능행을 떠났다. 함흥에는 태조 이성계가 즉위한 후 조상의 집터에 세운 사당, 함흥본궁이 있었다. 순종의 능행에 자동차 여러 대가 이용되었다. 순종 일행은 일단 특별열차로 경성에서 원산역까지 이동하고 다시 원산역에서 영흥역까지 열차로 이동하였다. 그 후 영흥에 도착해서는 자동차를 몰아 함흥까지 이동하였다. 당시 함흥에는 자동차가 도입되지 않았는데 이때 함흥 일대에서는 이 자동차 행렬의 등장으로 인해 소동이 벌어졌다고 한다. 『매일신보』의 기자는 이 소동을 전하며 이를 본 함흥 사람들의 놀라움을 다음과 같이 실감나게 전하고 있다.

> 꺼멓고 집채같이 큰 수레에 네 바퀴에는 기둥 같은 체가 있고 뿡뿡하면 가고 뿡뿡하면 서는데 이것이 7,8명의 사람을 싣고 높은 언덕을 총알같이 길로 달리는데 대체 이것이 무엇이냐, 그것이 요술차이냐 신통차이냐 제갈공명의 목우유마 같은 것이냐. 이것이 이번 함남 행차에 배관하는 사람의 제일 큰 구경이라. 그 이름이 자동차인 줄도 모르는 사람도 대부분이라. 실로 함남 지방에는 자동차라는 것이 이번에 처음으로 그 길에다가 바퀴를 굴렸더라. 10일에 시운전을 하여 볼 때에 영흥으로부터 함흥에 자동차 한 채가 왔다가 갔는데, 이때에 이것이 큰 소

동의 시초이라. 이렇게 신기한 것을 이왕 전하가 타고 오신다 하는 소문에 원근 지방의 사람들은 옥황상제가 용마를 타고 내리시는 것같이 호기심이 높아졌다. 11일 이왕 전하가 오실 때에는 놀라웁다. 이 신기한 것이 이십 채이나 행렬을 지어 달린다. 지방 사람은 놀라운 눈으로 서로 돌아다보고 「어이구 신기하다 저것이 대체 어떻게 저리도 빠르게 간단 말이냐 하고 입을 딱 벌리는 빛에 신통한 생각이 진하여 아-아-」 하고 소리를 지르는 등 실로 자동차로 연하여 야단이라. 그 뒤에도 자동차가 함흥시가로 왕래할 때에는 발동기 소리가 멀리서 나기만 하여도 벌써 한편에서 「그것이 온다-」 하며 사람이 집안에서 일제히 뛰어나서서 신통한 얼굴로 지나가는 것을 바라보며 어디 가서 머물고 있으면은 그 앞에는 순사가 쫓아다니면서 사람을 치우노라고 골몰이라. 이번 행차에 자동차는 함남일경에 제일 신기한 것, 제일 큰 소문거리가 되었더라. 아직까지 경성에서도 자동차가 지나가면 가던 사람도 돌아보는데 이것을 처음 보는 하향 사람이야 얼마나 신통할 것인가.

─「자동차와 향인의 경이」, 『매일신보』, 1917.5.16.

기사에 따르면, 순종의 행차 이전부터 자동차를 타고 방문한다는 소식에 인근 지방 사람들은 마치 옥황상제가 용마를 타고 내려오는 것처럼 호기심과 기대를 높이고 있었다. 자동차를 보기는커녕 이름조차 처음 들은 함흥 사람들은 스무 대 남짓한 자동차가 줄지어 달리는 것을 목격하고 놀라움을 금치 못했다. 또한 자동차가 함흥 시가를 행진할 때, 이를 보려는 인파가 몰려 순사가 구경꾼들을 쫓느라 고생하였다고 한다. 이들은 자동차에 대한 놀라움을 표하느라 소리를 지르는 등 야단법석을 연출했다. 자동차를 처음 보는 사람들에게 자동차의 외양이며 속도는 그야말로 가경할 만한 것이었다.

기사에서 알 수 있듯 1910년대 후반만 하더라도 자동차가 한 번 지나가면 사람들이 돌아볼 정도로 경성 내 사람들에게도 자동차는 신기한 물건이었다. 그러므로 당연히 경성 이외의 지역에서 일상적으로 자동차를 체험하는 것은 한참 더 시간이 지난 후였다. 1925년 발표된 김동인의 소설 「시골 황서방」에는 외딴 산간 지역에 사는 황서방이 처음 자동차를 목격하고 느낀 놀라움이 잘 묘사되어 있다.

> 황서방이, 이전에 무슨 일로, 150리를 걸어서, 국도까지 갔을 때에,(그때는 밤이었는데) 저편에서, 시뻘건 두 눈깔을 번뜩이며, 이상한 소리를 하면서 달려오는 괴물을 보았다. 영리한 황서방은 무론 그것이 사람 타고 다니는 것임을 짐작은 하였다. 그러나 X촌에 도라온 뒤에는, 그것이 한 괴물로 소문났다. 방귀를 폴삭폴삭 뀌며, 땅을 울리면서 달아나는, 돈 많은 사람이 타고 다니는 괴물로 소문이 퍼졌다.
>
> —김동인, 「시골 황서방」

황서방은 가까운 도회에서 570리, 국도에서 150여 리 떨어진 인가도 드문 궁벽한 산골 마을에 살고 있다. 어느 날 국도까지 걸어간 그는 저편에서 시뻘건 두 눈을 번뜩이며 이상한 소리가 나는 괴물을 맞닥뜨리게 된다. 방귀를 폴싹폴싹 뀌며 땅을 울리면서 달아나는 그 괴물의 정체는 자동차였다. 이 장면만 보더라도 자동차를 처음 본 사람들의 충격을 충분히 짐작할 수 있다. 이렇게 자동차의 외양과 속도는 사람들의 그간의 경험 세계를 아득히 넘어서는 것이었는데 각종 기사와 문학 작품에는 여기에서 느낀 놀라움이 잘 드러난다.

3. 외상은 절대 불가,
미터 택시의 등장과 택시 경쟁

자동차가 현실적으로 체험되고, 소설 속에 속속 등장하게 된 것은 1920년대 초반이 지나서였다. 나도향의 「환희」(1922)에서 혜숙은 자동차를 타고 선용의 마음을 돌리러 찾아오고, 염상섭의 작품 「해바라기」(1923)의 주인공 영희와 순택은 자동차로 호텔과 순택의 집을 오간다. 그리고 앞서 언급했던 이광수의 「재생」(1924)의 두 주인공, 순영과 봉구는 자동차를 대절해 밀회를 즐긴다. 여기에는 조선 내 자동차 수가 점점 늘어나 자동차가 경성의 일상적 풍경 속으로 들어오게 된 당시 상황이 반영되어 있다.

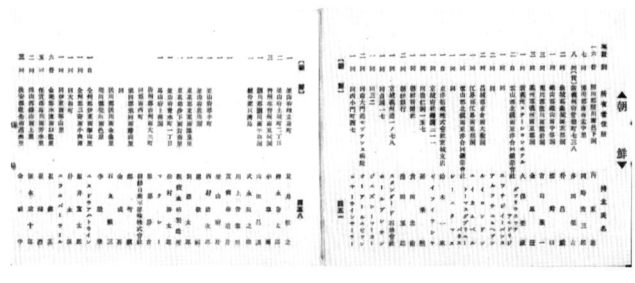

그림 9 | 「朝鮮」, 『全国自動車所有者名簿』, 帝国自動車保護協会, 1923.

1920년대에 이르러 비로소 조선 내의 자동차 대수는 1000대를 넘어서게 되었다. 1923년의 『전국자동차소유자명부(全国自動車所有者名簿)』에 따르면 조선 내에서 신문사, 은행 등 회사용 자동차, 혹은 자동차회사의 자동차의 비중이 컸으며, 이 시기에도 개인적으로 자동차를 소유하고 있던 것은 주로 일본인과 서양인이었다. 이 시기 조선신문사, 조선은행 등 기업에서도 영업용으로 자동차를 소유하는 것이 일반적인 경향이 되었다.

또한 우편 배달이나 환자 운반, 죄수 호송 등 여러 공적인 목적에서 자동차가 이용되었다. 이 시기 경성을 돌아다니는 자동차 가운데 총독부 소유의 자동차가 적지 않았다. 이광수의 「재생」에는 살인 누명을 쓴 주인공 봉구가 재판소로 호송되는 과정에서 간수들과 함께 자동차를 올라타는 장면이 나온다.

봉구는 간수들이 자기를 마치 한번 놓치기만 하면 큰 변이

나기나 할 무슨 짐승 모양으로 좌우에서 끼고 뒤에서 밀어서 자동차에 올려 싣고 나오던 것을 생각한다. 그 사람들도 봉구 자기와는 일찍 통성명한 적도 없고 따라서 아무 원수도 없는 사람들인 것을 생각하였다. 그렇건마는 그들은 자기가 재판소 문 앞에서 자동차 소리에 섞여 겨우 들리는 여자의 울음소리를 듣고 창살 틈으로 좀 밖을 내다보려 할 때에 자기를 뺨을 때리고 팔을 내어 밀어서 파란 문장을 펄렁거리지 않도록 꼭 가리우기까지 하였다.

—이광수, 「재생」

죄수 호송용 자동차가 도입된 것은 1921년이었다. 서대문형무소에서는 재판소 등의 장소에 죄수를 호송하는 데 자동차를 사용하기 시작하였는데, 그 편의성을 인정받아 자동차 대수를 차츰 늘려가게 되었다. 당시 재판소 인근에서는 호송 자동차를 쫓아가며 눈물바람을 하는 죄수 가족들이 종종 목격되었다고 한다.

그림 10 | 호송용 자동차에 실려가는 주인공 봉구를 그린 「재생」의 삽화

그림 11 | 신의주 사건으로 체포되어 자동차로 압송되는 독고전과 임형관

관용 자동차에는 관리들의 출퇴근 및 공적 업무에 이용되는 것 이외에도 살수 자동차와 화물 자동차, 우편배달 자동차 등이 포함되었다. 경성부청을 비롯 각 지방 도청에서는 조선에 전염병이 매년 유행하는 원인 중 하나를 길거리 위생 문제로 파악하고, 전염병 예방 및 공중 위생 차원에서 살수용 자동차를 구입하였다. 살수차의 도입에는 민간의 지원이 컸다. 당대의 실업가이자 종로한양상회를 경영했던 이장로(李章魯)가 당국을 방문하여 경성의 먼지로 시민들의 불편이 극심하고 조선을 방문한 외국인들이 보기에도 좋지 않으니 해결해 줄 것을 촉구하며 금전적인 지원을 약속했던 것이다. 살수 자동차를 마련하는 것은 그 비용상 부담이 커 당국에서도 손을 쓰지 못하고 있던 터라 당국에서는 이장로의 제안을 기꺼이 받아들였다. 살수 자동차 도입 및 경성 전체의 살수 계획에 소요되는 예산은 십만여 원에 달했으며, 이를 활용하여 살수용 자동차 5대가 조선에 도입되었다.

그림 12 | 경성부우편국에서 사용했던 우편 자동차, 사진으로는 식별되지 않으나 차체 전체를 우편국을 나타내는 붉은 색으로 도색하였다고 한다.

그림 13 | 1926년 신형 살수차를 도입하여 경성부청 앞에서 시운전하는 모습을 촬영한 사진

또한 1919년 11월 경성우편국에서 우편물 자동차를 도입하면서 조선에서는 최초로 우편물 배달에 자동차가 이용되기 시작했다. 이전까지는 마차를 이용하여 우편물을 배송하였으나 신속한 운반과 기타 경제적인 측면에서 더 실용적인 자동차를 도입하였던 것이다. 이후 점차 지방으로 확대되어 부산, 평양, 원산 지역 우편국에서도 우편물 배달에 자동차를 이용하게 되었으며 경성우편국의 우편자동차는 1921년에는 4대로 늘어나게 되었다. 이에 따라 우편물 배달 속도가 최대 3배 이상 빨라졌다고 한다. 그 외에도 같은 해 3월 경성부청 위생과에서는 여름철 유행병이 기승을 부릴 것에 대비하여 환자를 수송할 수 있는 자동차를 구비하였다. 5,500원을 들여 사들인 환자수송용 자동차에는 2명의 환자를 태울 수 있었으며, 뒷좌석은 들것으로 활용할 수 있도록 되어 있었다.

그림 14 | 1921년 경성부청 위생과에서 도입한 환자수송용 자동차. 내부에 최대 2명의 환자를 실을 수 있었다.

이렇게 자동차가 도입되면서 제 방면에서 활용되기 시작하였는데 무엇보다 비중이 높았던 것은 승객을 실어나르는 영업용 자동차였다. 1921년 총독부에서 집계한 자료에 따르면 당시 경성을 포함한 경기도 전체의 자동차 수는 194대였다. 이 가운데 화물용은 2대, 총독부 등 관청용이 35대, 자가용이 32대, 승합용과 임대용은 각각 65대, 60대였다. 당시의 자동차는 이렇듯 이용 목적에 따라 관청용, 자가용, 영업용으로 다시 나뉘었다. 총독부나 도청 등 관용 자동차와 자가용의 수가 거의 비슷했으며, 가장 높은 비율을 차지하는 것은 영업용이었다.

영업용 자동차는 버스와 같이 일정한 경로를 운행하는 승합용과 오늘날의 택시에 해당하는 임대용으로 다시 나뉘었다. 초기 임대 자동차는 승객이 자동차회사에 전화를 해 자동차를 요청하면

회사에 대기하고 있던 자동차가 승객이 원하는 곳, 자택이나 여관 등으로 와 목적지까지 타고 가는 방식이었다. 자동차회사에서는 자동차를 승객에게 세를 놓고 이에 대한 비용을 받는 방식으로 영업하였다. 이러한 영업 방식은 일본의 "가시키리(貸し切り)" 방식에서 유래한 것으로, 일본에서는 1909년 일본자동차합자회사에서 두 대의 자동차를 이용하여 시범적으로 임대 자동차 영업을 시작하였다. 이러한 임대 자동차는 조선에도 등장하여 호응을 얻었다. 1910년대 말 요릿집에서 유흥을 즐기는 부잣집 자제들이 늘어나면서 경성에 몇 안 되던 자동차 임대업을 하던 업자들은 그야말로 떼돈을 벌었다고 한다. 이들이 자동차 한 대로 벌어들이는 돈은 300~400원 가까이 되었다. 그리고 이때 자동차를 이용하는 삯은 월말에 한꺼번에 계산하는 경우가 많았던 모양이다. 한 기사에 따르면 외상으로 자동차를 타고 2,000~3,000원의 삯을 한꺼번에 몰아서 지불하는 경우도 있었다고 한다. 그야말로 신용을 기반으로 한 거래였던 셈이다.

1920년대 들어 경성에 자동차 수가 늘어나고 동시에 승객을 실어나르는 영업용 자동차도 크게 늘어나게 되었다. 이에 따라 자동차 영업 방식에도 변화가 생겨났다. 이 시기 들어 영업용 자동차가 급증하여 경쟁이 첨예해지면서 좀 더 운임이 저렴한 택시가 도입되게 된 것이다. 조선에 영업용 택시를 본격적으로 도입한 것은 일본인 노노무라 겐조(野々村謙三)였다. 1919년 노노무라가 운영하는 자동차회사가 생기면서 경성 장안에 본격적으로 영업용 승용차가 돌아다니기 시작하였다. 그의 이름은 1935년 조선총독부가 조선 식민 통치에 공헌한 민간 공로자를 선정하여 이력 및 업적을 제시한 『조선공로자명감(朝鮮功勞者銘鑑)』에도 실려 있다. 『조선공로자명감』은 그를 경성 택시의 기초를 닦은 인물로 소개하고 있다. 노노무라는 1907년 조선으로 건너와 경성사진관 등을 운영하며 부를 쌓았다. 그는 1919년 경성자동차업을 설립하고 1925년에는 당국의 허가를 얻어 미터측정기를 이용하여 거리당 요금을 책정하는 현재와 같은 방식의 택시 영업을 개시하였다.

1925년에 현재와 같은 미터 요금기가 도입되면서 승객용 자동차는 다시 택시와 하이야(ハイヤ一)로 세분되었다. 하이야는 영어 단어 "Hier"를 일본식으로 발음한 것으로, 일본에서는 현재까지도 전화로 호출하여 이용하는 콜택시를 하이야라고 부른다. 일찍이 1910년대 영업용 자동차는 이 같은 하이야로 운행되었다. 그리고 미터기가 달린 택시가 도입된 이후 하이야는 택시와 공존하면서 좀더 고가, 고급이라는 이미지를 갖게 되었다. 『경성일보(京城日報)』에 실린 경성자동차회사 광고를 보면 임대 자동차를 고급자동차 하이야(시간제)와 놀랄 정도로 저렴한 택시(미터제) 두 가지로 분류하고 있다는 것을 알 수 있다.

1952년 『경향신문』의 독자질문란에는 택시와 하이야는 어떻게 구별하여야 하는지를 묻는 독자의 질문과 그에 대한 기자의 답변이 실려 있다. 기자에 의하면 택시는 미터기가 붙어 있어 손님을 태우고 계산기에 표시된 거리만큼 돈을 지불하는 승용차이고, 하이야는 세를 놓는 차로서 승객의 요청에 의해 어디든 떠날 수 있는 고급차를 의미한다. 이와 같은 택시와 하이야의 구별은 1920년대 미터기를 부착한 택시가 경성에 등장하면서 생겨나게 되었다. 주행 거리에 비례하여 운임이 책정되는 택시와 달리, 하이야는 시간 단위로 자동차를 세놓는 방식을 의미한다. 1926년 기준 하이야를 이용하기 위해서는 고급차는 1시간 6원, 소형은 5원, 1일 전세를 내는 경우 8시간 이내라면 40원 정도가 소요되었다고 한다. 이처럼 택시에 비해 하이야의 이용에는 좀 더 많은 비용이 소요되었으며, 택시용 자동차에 비해 하이야 자동차가 더욱 고급차인 경우가 많았다. 택시가 주로 포드, 조금 고급인 경우 시보레 자동차였다면, 하이야는 허드슨(Hudson), 에섹스(Essex), 뷰익(Buick) 등 고급자동차가 많았다. 탑승 인원도 택시가 4인 기준인 것에 비해 하이야는 6인승이 기본이었다. 이 때문에 결혼이나 장례식 등 행사에는 주로 하이야가 이용되었다고 한다.

그림 15 | 1925년 조선 최초로 도입된 미터당 요금계산기

그림 16 | 1926년 『경성일보(京城日報)』에 실린 경성자동차회사 광고에서 알 수 있듯 이 시기 영업용 임대 자동차는 시간당 요금을 매기는 하이야와 미터당 요금을 매기는 택시로 나뉘었다.

그림 17 | 경성부청 앞 광장에 위치한 영업용자동차 주차장에서 대기 중인 택시

    택시의 경우 기존의 시간당 임대하는 방식과는 달리 우선 승객이 타면 요금계산기를 켜고 출발하며 주행거리에 비례한 요금이 계산기에 표시되었다. 즉 현재의 택시처럼 목적지에 도착하면

계산기를 멈추고 표시된 금액을 지불하는 것이 원칙이었다. 1910년대 자동차를 빌리는 경우 월말에 한꺼번에 계산할 테니 월말에 찾아오라고 하는 등 외상을 하는 경우도 적지 않았으나, 택시는 원칙적으로 현금으로 운임을 지불하게 되어 있었다. 이러한 사정은 하이야를 이용하는 고객이 주로 외상을 갚을 만한 능력이 되는, 신용이 확실한 인물이었던 것과도 무관하지 않다. 이에 비해 미터당 요금으로 계산하는 택시는 비교적 저렴했으며 좀 더 폭넓은 고객을 대상으로 하였다. 1925년 도입된 택시는 4인승 포드에 미터기를 부착한 형태로, 광화문, 창경궁 앞 등 5개소에 주차장을 설치하여 대기하고 있다가 승객이 전화를 걸어 부르면 운행하는 방식이었다. 미터기를 부착한 택시가 경성에 등장하고 이후 균일가 택시가 등장하는 등 택시 운임이 경쟁적으로 인하되면서 더욱 많은 경성의 시민들이 자동차를 일상에서 체험할 수 있게 되었다. 불과 몇 년 전만 하더라도 귀족과 일부 부유층의 전유물이자 신통하고 낯선 볼거리였던 자동차는 경성의 풍경의 일부가 되었다.

4. 자동차왕 포드의 아시아 진출

일본 내에서 자동차가 큰 폭으로 늘어난 것은 1920년대 들어서부터였으며 일본에서 택시가 일반 이용 교통기관으로 대중화된 것은 1923년 관동대지진 무렵이었다. 지진으로 전차, 철도 등 교통기관이 마비되고 이를 복구하는 데 상당한 시일이 요구되었던 탓에 그 대안으로 자동차가 급격하게 대두되기 시작했던 것이다. 이 시기 균일가 엔(円)택시가 출현하는 한편, 일본에 포드와 시보레의 조립, 제작회사가 설립되어 완제품 자동차를 수입하던 것에서 벗어나 일본 내에서 생산되기 시작하면서 일본 전역의 자동차 수는 큰 폭으로 늘어났다.

조선에서도 1920년대 중반을 넘어서면서 자동차 대수는 급격하게 늘어나게 되었다. 1915년 고작 한 쪽에 불과하던 『자동차소유자명부(自動車所有者名簿)』의 '조선' 항목은 십 년도 채 지나지 않아 열 쪽으로 늘어났다. 이 시기에 조선뿐 아니라 전 세계적으로 자동차가 폭발적으로 증가하였는데, 여기에는 포드의 영향이 컸다. 잘 알려져 있듯 헨리 포드는 컨베이어 벨트 생산 방식을 고안해 자동차 대량 생산의 기틀을 마련하였다. 또한 포드는 이와 같은 대량 양산 체제에 기초하여 저렴한 비용으로 자동차를 생산하였다. 이를 통해 미국 내에서 값비싼 사치품이던 자동차는 대중화되기 시작했다. 포드는 1924년 이후 천만 대 이상의 자동차를 생산하고 전세계로 사업을 확장하고 있었다. 그는 1922년 사업의 확장을 위해 동양에 자동차조립공장을 건설하겠다는 계획을 발표하고, 그 일환으로 1925년 일본포드자동차주식회사를 설립하고 요코하마에 공장을 건설했다.

그림 18 | 1930년 일본 황족이 요코하마 포드자동차주식회사에 방문해 촬영한 사진

당시 요코하마는 도쿄의 문호(門戶)의 역할을 하는 주요 항구이자, 일본과 미국, 유럽을 잇는 국제 항구로서 서양으로 유학을 떠나는 조선 유학생들은 반드시 요코하마 항구를 거쳐야 했다. 또한 1910년대부터 해안 매립공사를 통해 부지가 확장됨에 따라 대규모의 공장부지가 조성되어 각종 공장이 건설되었다. 이와 같은 지리적 특성을 고려한다면 동양 진출을 계획하던 포드의 입장에서 요코하마는 더없이 적절한 선택이었던 것이다. 디트로이트 뉴스 기사를 인용한 『경성일보(京城日報)』의 보도에 따르면 당시 요코하마 공장 건축에는 최신식 내진 및 내화(耐火) 건축 기술이 활용되었으며, 이에 소요된 비용은 100만 달러였다고 한다. 일본 포드공장 설립을 계기로 포드의 수입과 판매 방식에 변화가 생기게 되었다. 자동차의 부품을 미국에서 수입하여 일본 내에서 조립하

였으며, 프레이저상회(セール フレーザ)를 대리점으로 하여 판매하던 방식에서 새롭게 일본 전역에 대리점을 설치하고 판매를 개시하였다. 이렇게 일본 포드 조립공장이 들어서면서 조선에 포드 자동차가 더욱 활발하게 유입되기 시작했다.

이후 일본에 설립된 포드자동차주식회사는 조선을 대상으로도 공격적으로 홍보, 판매 활동에 나섰다. 당시 신문을 보면 포드 자동차 광고를 자주 볼 수 있는데 포드 광고에서는 포드의 각 부품은 공장에서 출시되기 전 엄격한 조사 과정을 거친다며 자동차의 안전성과 편의성을 강조하였다. 광고에 따르면 당시 포드 자동차 판매소는 조선 내에 경성점과 부산점 두 곳이었다. 또한 포드 특약판매점은 주식회사쎄일상점이라는 곳으로 경성 판매소는 종로에 위치했다는 것을 알 수 있다. 광고에서 눈에 띄는 것은 신형 포드 자동차의 가격이다. 1920년대 후반 출시된 신형 투어링카의 가격은 1,810원이었다. 당시 고등 관리들의 월급이 30~40원이었다고 하니 포드 자동차의 가격은 현재 기준으로 본다면 수억에 달하는 것이었다.

조선 내 자동차 가운데 가장 많은 비중을 차지한 것은 바로 포드사의 자동차였다. 이 때문에 당시 조선에서 헨리 포드는 "자동차의 제왕"으로, 미국은 "자동차의 나라"로 불렸다. 조선뿐 아니라 전세계적으로 당시 포드는 자동차의 대명사였다. 시보레 자동차가 도입되기 전, 마치 딱풀이나 호치키스처럼 자동차라는 말 대신에 포드를 사용하기도 하였다.

그림 19 | 1920년대 신문에 실린 일본포드자동차주식회사의 광고

포드는 대량 생산을 통해 미국뿐 아니라 전세계의 자동차 시장을 지배했으며, 이는 자동차의 대중화를 견인하였다. 1930년 한 잡지의 기사에서는 당시를 "자동차 황금시대"로 표현하였다. 현 내의 메커니즘이 낳은 고속도의 문명 중 가장 눈부신 성능을 발휘하고 있는 것이 바로 비행기와 자동차이며 바야흐로 전세계적으로 자동차의 수가 급증하는 자동차 황금시대라는 것이다. 잡지에 따르면 1928년 전 세계 자동차 대수는 3,200만 대에 달했다.

국가	보유 자동차 대수	국가	보유 자동차 대수
미국	26,300,000	오스트리아	502,000
영국	1,370,000	아르헨티나	310,000
프랑스	1,110,000	이탈리아	180,000
캐나다	1,100,000	일본	75,000
독일	550,000	조선	3,000

표 1 | 1928년 기준 국가별 자동차 보유 현황

이 기사에서는 국가별 보유 자동차 대수를 제시하고 있다. 미국이 압도적으로 1위이며 그 뒤를 영국, 프랑스, 캐나다 등이 잇고 있다. 조선의 자동차 수 역시 1920년대 중반을 넘어서면서 크게 늘어났다. 당시 조선 전체를 돌아다니는 자동차는 3,000대로 다른 국가에 비할 수치는 아니지만, 불과 10여 년 전에 두 자리 수이던 자동차가 3천 대를 넘어섰다는 점에서 비약적인 증가세를 엿볼 수 있다.

서양 활동사진 속에서 보던 자동차는 경성의 거리를 달리기 시작했고, 사람들은 거리에서 자동차를 어렵지 않게 목격하게 되었다. 또한 중요한 것은 "자동차시대"라는 감각이다. 십여 년 전에 비해 크게 증가했다고 하더라도 여전히 자동차를 보유하고 있는 이는 소수였다. 그럼에도 불구하고 자동차시대, 자동차 황금시대 등의 표현이 자주 등장하는 것은 이 시기 사람들이 자동차와 그것이 불러온 변화를 체감하고 있었다는 방증일 것이다.

5. 포드와 제너럴모터스의 격돌

1929년 『조선일보』에 연재된 염상섭의 소설 「광분」의 서사는 1929년 조선박람회를 배경으로 진행된다. 이 소설은 주인공 경옥의 귀국 장면으로 시작된다. 첫 장면에서 경옥의 계모와 이복동생, 집안의 사용인들이 경성역까지 택시를 타고 경옥의 마중을 나왔던 것이다.

> 일원짜리 택시인 모양이나 그래도 남볼썽사납지 않은 시보레 방자동차 한 대가 경성역 정문을 그대로 지나 남편 일이등대합실 문 앞에 미끄러지듯이 대어 놓자 운전수 옆에 앉았던 검정 세일러 학생복을 입고 회색 소프트를 동그랗게 눌러 쓴 청년 하나가 도어를 밀치고 튀어나오더니 운전수보다 앞장을 서 나가서 뒤의 도어를 열어젖혔다.
>
> ─염상섭, 「광분」

이들이 이용한 택시는 시보레 방자동차로, 이때 방자동차란 눈비를 막을 수 있도록 지붕으로 막힌 방 형태의 차를 가리킨다. 경성의 자동차시대는 한편으로는 택시의 시대를 의미하는 것이기도 했는데 실제로 1920년대 중반 자동차영업소와 영업용 자동차가 크게 늘어났다. 이렇게 택시의 수가 비약적으로 늘어나면서 택시회사들 사이에는 가격 경쟁이 불붙기 시작했고, 경성 시내에서는 어디든 균일가로 이용할 수 있는 일원 택시, 오십전 택시 등이 속속 등장하였다. 경성 시내를 단돈 1원으로 이동 가능한, 일원짜리 균일가 택시에 사용되는 것은 비교적 저렴한 포드가 대부분이었다. 그런데 「광분」의 첫 장면에서 등장한 일원짜리 택시는 포드가 아닌, 제너럴모터스의 시보레였으며, 그것은 "남볼썽사납지 않은" 자동차로 표현되었다.

「광분」에는 자동차를 이용해 등장인물들이 이동하거나 밀회를 나누는 장면 등이 자주 나오는데, 시보레 자동차와 관련한 언급은 소설 후반부에 다시 등장한다. 와병 중이던 주인공 정방은 경옥이 자신 몰래 다른 남자를 만나는 것을 눈치채고 번민하던 차에 같은 극단의 단원이자 택시 운전수인 진수의 권유로 드라이브에 나선다. 여기에서 진수가 몰고 온 차는 신형 시보레였다. 정방은 신형 시보레를 타고 앉은 맛이 좋기도 하다는 속내를 드러냈다. 조선의 거리에 포드보다 조금 늦게 등장한 시보레는 병자의 기분을 환기시켜 줄 만큼 포드에 비해 좀 더 멋진, 고급 자동차라는 이미지를 갖고 있었다.

앞서 언급한 바와 같이 경성에 자동차가 도입되던 초기 경성의 거리를 누비던 자동차 가운데 큰 비중을 차지했던 것은 포드였다. 1920년대 초반까지만 하더라도 조선에서 자동차라고 하면 주로 포드를 의미했다. 이러한 사정은 일본에서도 비슷했다. 그러나 1927년 봄, 미국 제너럴모터스에서 오사카 칫코(築港)에 공장을 설립하면서 포드와 제너럴모터스의 경쟁이 본격화되었다. 오사카는 당시 여러 자동차회사 공장이 위치하고 있어 일본의 맨체스터라는 별명이 붙었을 정도였는데, 제너럴모터스에서는 여기에 약 사백만 원을 들여 일본제너럴모터스 회사 및 공장을 설립하면서 아시아 진출에 박차를 가했다. 오사카에 공장이 설립되면서 미국 제너럴모터스에서 미쓰이 등과 대리 판매 계약을 맺고 조선과 일본 내에 자동차를 유통했던 이전의 방식에서 일본 제너럴모터스가 직접 조립, 판매하는 직영 판매 방식으로 바뀌었다. 일본제너럴모터스는 일본뿐 아니라 중국, 타이완, 만주부터 러시아에 이르기까지의 넓은 지역에서의 제너럴모터스 자동차 유통을 담당하였다.

조선에서의 제너럴모터스 자동차의 유통을 관리했던 것도 일본제너럴모터스였다. 일본제너럴모터스는 경상남북도와 전라남북도를 담당하는 부산 남선자동차점, 경기도와 강원도, 충청도와 함경남북도를 담당하는 경성자동차점, 평안남북도와 황해도를 담당하는 평양 대동상사동자짐, 이렇게 3개 지역의 상회와 특판 계약을 맺고 조선 팔도에 제너럴모터스의 자동차를 유통하였다.

그림 20 | 1929년 부산 오쿠라마치(현 중앙동)에 들어선 남조선자동차주식회사. 제너럴모터스 서비스스테이션을 겸하고 있었다.

　경상도와 전라도 전체를 총괄하던 것은 부산에 위치한 남조선자동차주식회사였다. 1927년 특약을 맺어 시보레 자동차를 판매하기 시작하면서 남조선자동차주식회사에서는 자동차 구매 고객을 대상으로 여러 이벤트를 실시하여 고객을 유치하였다. 또한 1929년에는 창립 이래의 숙원이었던 자동차 수리 및 관리를 담당하는 서비스스테이션을 마련하고 전국을 순회하는 서비스카를 운행하기도 하였다. 이를 통해 남조선자동차주식회사에서 올린 시보레 판매고만 하더라도 1930년 말 기준 4,000대가 넘었다고 한다.

　일본의 제너럴모터스는 조선에 3개 대리점과 계약하면서 포드에 대항하여 기존 포드 판로를 비집고 들어갈 판매책을 수립하고 공격적인 영업에 나섰다. 한편 경기도와 강원도 등 조선의 중앙 지역에서의 판매를 담당했던 것은 경성의 테일러상회였다. 윌리엄 테일러가 경영하던 테일러상회는 현재 태평로에 위치했는데 1910년대부터 시계 등 고가품을 조선에 수입, 판매하였다. 1927년부터는 일본제너럴모터스와 특판 계약을 맺고 자동차를 판매하였다. 테일러는 시보레로 전 조선을 일주하는 등의 이벤트를 통해 시보레 자동차의 견고함을 홍보하기도 하였다. 이렇게 일본제너럴모터스가 설립되면서 조선 내에서도 포드와 제너럴모터스의 경쟁은 치열해졌다. 1928년 2월 총독부 일문판 기관지였던 『경성일보(京城日報)』에는 일본포드와 일본제너럴모터스의 전면 광고가 한 주 간격으로 번갈아가며 실리기도 했다.

그림 21 | 『경성일보(京城日報)』에 한 주 간격으로 실린 일본제너럴모터스와 일본포드 광고

제너럴모터스의 자동차로는 오클랜드(Oakland), 뷰익(Buick), 올즈모빌(Oldsmobile), 폰티악(Pontiac), 캐딜락(Cadillac) 등이 있었는데 이 중 대표 상품은 단연 시보레였다. 시보레의 가격은 기존의 포드 차에 비해 2,3백 원 가량 더 비쌌는데, 이 때문에 포드에 비해서는 조금 더 고급차라는 이미지가 있었다. 영업용 자동차 가운데 일원 균일가 택시가 주로 포드차였다면, 시간당 운임이 매겨지는 하이야에는 좀 더 비싼 고급차가 사용되었다. 또한 자동차회사가 난립하고 택시 경쟁이 심화되면서 승객을 끌기 위해 자동차영업회사에서도 고가의 자동차를 경쟁적으로 구비하게 되었다. 이리하여 포드 일색에서 벗어나 시보레를 비롯하여 내쉬(Nash), 뷰익(Buick), 스타(Star) 자동차가 경성 거리를 누비게 되었다. 이에 따라 포드식 자동차를 이용하여 실시되었던 운전면허 시험 역시 포드식과 시보레식 둘 다를 함께 사용하여 시험을 치르는 것으로 바뀌었다. 또한 이렇게 포드와 제너럴모터스의 경쟁으로 자동차의 가격은 비교적 낮아지게 되었으며 경성 거리에서는 다양한 자동차를 접할 수 있게 되었던 것이다.

6. 자동차의 '급'과 취미로서의 자동차

앞서 살펴보았듯 1920년대 중반 이래 경성의 거리에는 다양한 자동차가 등장했다. 이렇게 많은 자동차 가운데 당시 사람들이 선호했던 것은 어떤 것이었을까? 1928년 신문에는 흥미로운 기획이 실렸다. 한 신문사에서 자동차 인기 투표를 실시했던 것이다. 이 시기 각종 매체 혹은 기업에서는 흥행을 위한 이벤트로 인기 투표를 곧잘 실시하였다. 상업적인 목적에서 참가자들의 관심을 끌고 이를 통해 이윤을 올리기 위해 투표라는 방식이 사용되었던 것이다.

『경성일일신문(京城日日新聞)』에서는 당대 자동차와 자전거 브랜드에 대한 선호도를 조사하여 발표하였다. 기사에 따르면 이 같은 자동차 인기 투표 이벤트는 일반의 관심과 호평을 받았으며, 참여가 쇄도하였다. 실제로 집계된 투표 결과에 의하면 일등으로 선정된 자동차는 스튜드베이커(Studebaker)였다. 스튜드베이커는 1852년 설립된 미국 자동차 제조사로 현재는 없어졌으나 한때 여운형이 암살되던 당시 타고 있던 차로 유명했다. 여운형은 지지자로부터 선물받은 스튜드베이커 자동차를 해방 전부터 이용하였는데, 1940년대에도 여운형의 스튜드베이커는 총독이 타던 차만큼이나 최고급 자동차였다고 한다. 스튜드베이커에 이어 많은 표를 받은 것은 에섹스(Essex), 얼스킨(Erskine), 허드슨(Hudson) 등이었으며, 시보레는 5위를 차지하였다.

고급 자동차 경쟁의 바람은 관리들이 이용하던 관용차에서도 거세게 불었다. 1927년 4대 조선 총독으로 부임한 야마나시 한조의 관용차는 패커드(Packard)였다. 패커드는 미국의 초호화 자동차 메이커로 전세계적으로 왕족, 귀족, 대부호들이 애용하는 것으로 유명했다. 순종이 타던 어용차 역시 패커드였다.

그림 22 | 순종의 어용자동차와 순종의 운전기사였던 다나카 스에키치(田中末吉)

총독이 타던 패커드의 가격은 일만 이천 원을 호가했는데 이는 당시 물가로 기와집 몇 채에 달하는 금액이었다. 포드나 시보레가 신문광고에 공을 들였던 것과는 대조적으로 패커드는 조선 내에서 발행되었던 신문에서는 광고조차 찾아보기 힘들다. 아마도 패커드 자동차가 조선의 일반 대중들을 구매층으로 설정하지 않았기 때문으로 추측되는데, 1929년 일본 대장성 관보에서 패커드의 광고를 확인할 수 있다. 패커드의 광고면 하단에는 일본 내 패커드 자동차 소유주명이 기재되어 있었는데 여기에는 주로 일본 왕족이나 귀족에 해당하는 인물이 많았으며, 이 가운데 조선총독부가 포함되어 있다.

이렇게 총독이 전용차로 패커드를 구입하자 총독 이하 관리들도 속속 고가의 자동차를 구입하기 시작했다. 제국대학 총장과 체신국장 역시 관용차로 패커드, 캐딜락 등 호화차를 구입하고, 국장급만 되어도 허드슨, 크라이슬러, 뷰익 등 거의 5, 6천 원은 넘는 고급차를 관용차로 이용하였다. 이렇게 총독부뿐 아니라 지방 관청까지 고급차 구입 경쟁이 확산됨에 따라 1929년 한 해에만 최신식 고가의 자동차 서른 대 가량이 관용차로 구입되었다고 한다. 총독부에서는 고급차 구입 경쟁을 자제하고 절약하라는 공문을 내렸으나 실행은 잘 되지 못했던 모양이다. 당장 야마나시 다음으로 부임한 사이토 마코토의 관용차 역시 야마나시의 패커드에 지지 않을 정도의 가격이었다고 하니 말이다. 이 시기 신문 기사에서는 이렇게 관리들 사이에서 고급차 구입 경쟁이 붙으면서 일반인들도 분에 넘치는 자동차를 타려고 한다며 세태를 꼬집었다.

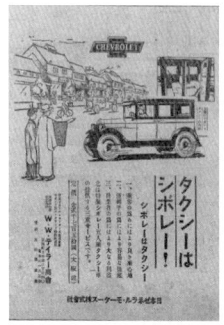  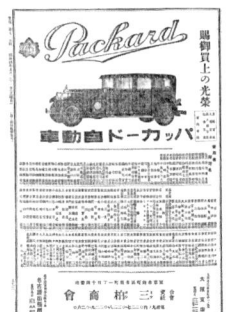

그림 23 | 1927년 시보레 자동차 광고, 택시는 시보레라는 문구를 강조하였다.

그림 24 | 1928년 자동차 인기투표에서 1위를 차지한 스튜드베이커 자동차 광고

그림 | 25 1929년 일본 대장성 관보에 실린 패커드 자동차 광고, 하단 이용자명에 조선총독부가 기재되어 있다.

  총독부나 지방 관청의 관리를 제외하고 제외하고, 일반 조선인들 가운데 가장 비싼 차를 타고 다녔던 것은 누구일까? 1936년 잡지 『삼천리』의 기사에서는 경성 장안의 명사들이 타고 다니던 자동차의 가격을 소개하였다. 기자는 조선인들 가운데 고가의 자가용을 타는 명사들의 명단을 자동차 가격순으로 정렬해 소개하였다. 일반인이 자가용으로 소유하고 있는 것 가운데 가장 고가의 자동차는 13,000원으로, 그 소유주는 조선의 광산왕 최창학이었다. 최창학은 민대식, 김성수와 함께 1930년대 조선 3대 부자로 꼽히는 꼽히는 인물이었다. 그는 민대식, 김성수 등 조선의 부자들이 부동산이나 유가증권 위주로 재산을 보유하고 있었던 것과 달리 은행에 예금을 주로 하여, 현금 보유량으로 치면 조선 제

그림 26 | 1936 경성 장안에 유행하던 최신 유선형 시보레 디럭스 세단 자동차 광고. 이선의 긱진 형태에서 유선형으로 바뀐 최신 디자인의 자동차라는 점을 강조하였다.

일의 부자였다고 한다. 그 뒤를 잇는 것은 경성 최대의 부동산 부자 민대식, 실업가 김기덕, 방응모 등이었다. 기자는 당시 경성 시내의 아스팔트 위의 최신형 시보레 유선형 자동차가 그 수를 세기 어려울 정도이며, 장안 명사의 반 이상은 자가용 자동차 한 대쯤은 보유하고 있다고 덧붙였다.

이렇게 장안 명사 절반은 자가용 자동차를 소유하고 있으며 경성 시내에 최신형 자동차가 셀 수 없이 돌아다니는 자동차시대, 자동차의 브랜드와 가격에 따라 다시 자동차의 등급은 세분되었다. 그리고 어떤 자동차를 타는가가 바로 그 사람의 재력과 권력을 가시적으로 드러내게 되었다. 바꾸어 말하자면 자동차에는 "급"이 있고, 이는 곧 뒷좌석에 앉은 승객 혹은 소유주의 "급"을 말해주는 표식이었다. 1929년 발표된 염상섭의 소설, 「추락」에서도 자동차의 소위 "급"에 관련된 언급을 찾아볼 수 있다. 이 소설은 조선인 운전수가 의도적으로 자동차 사고를 일으켜 일본인 부윤과 장군을 암살하는 줄거리를 담고 있다.

『모-닝 코-트』를 입은 부윤은 이런 농담을 하며 얼쩡한 김에 운선이에게 사래질을 하면서도 속으로는 이 계집애를 어떻게 태워보낼까 얼마쯤 염려 아니되는 것도 아니었다. 물론 속관들이 타는 뒤차-가시키리차에 태일 것이요 젊은 속관들은 좋아할 것이지만은-속관들은 고사하고 백발이 성성한 각하께서들도 운선이를 한 찻속에 쓸어 넣어주면 마지 못하는 체하고서라도 이게 웬 떡이냐 하고 좋아할 것이지만은 그래도 속과 안이 다른 것이다. 체면이야 차려야 할 것이니 부윤이 무람없이 센진 기생을 도지사행차 더구나 영광스러운 중장 각하의 행차에 함께 태워 보냈다는 것이 실례가 되어서 목이 달아날까 보아 얼마쯤 애가 쓰이는 것이었다.

　두시 반이나 되어서 손님들은 일어섰다.

　요릿집 밖에는 자동차 두 개-(한 채는 포-드 자동차라 해도 방자동차이니 이것은 도지사의 것일 것이요 또 한 채는 우비도 변변치 못한 것이니 승객용일 것이다.)-가 차례로 서 있고 그 언저리로는 그야말로 인산인해다.

―염상섭,「추락」

　인용한 장면은 지역에 방문한 장군을 접대한 다음 이동하기 위해 요릿집에 도청의 관용 자동차와 영업용 자동차를 대기시켜 놓은 것을 묘사하는 부분이다. 두 자동차를 묘사하며 서술자는 "한 채는 포-드 자동차라 해도 방자동차이니 이것은 도지사의 것일 것이요 또 한 채는 우비도 변변치 못한 것이니 승객용일 것이다."라는 설명을 덧붙였다. 두 대의 자동차 중 한 대는 지붕도 제대로 없어서 비를 피하기 어려울 정도로 변변찮은 것인 데에 반해, 나머지 한 대는 포드이기는 하나 지붕을 갖춘 방 형태의 자동차인 것으로 보아 이것이 도지사의 자동차일 것이라는 서술자의 설명은 자동차 그 자체가 이미 타는 이의 신분을 드러내는 어엿한 한 수단이 되었다는 것을 의미한다.

이렇게 자동차가 급증하고 조선에 다양한 자동차 브랜드가 수입되면서 자동차는 부를 과시하는 최적의 수단이 되었다. 어떤 자동차를 타느냐가 그 사람의 권력과 부를 가시적으로 드러내게 된 것이다. 총독이 고가의 패커드를 구입하자 경성제대의 총장과 체신국장이 연이어 고가의 관용차를 사들였던 것은 이 시대 자동차가 그 인물의 지위를 드러내는 역할을 했음을 의미한다. 당시의 자동차는 주택만큼 혹은 주택 이상 고가의 소비재이자 자산이었다. 또한 자동차는 기본적으로 이동을 위한 모빌리티이다. 이동의 수단으로서 자동차는 신체와 밀접하게 연결되고 신체를 실어나른다. 부동산 이상의 고가이되 신체와 함께 이동하는 자동차만큼 특정인의 부와 지위를 명료하고도 효과적으로 가시화할 수 있는 상품이 또 있을까? 고위 관리들뿐 아니라 일반인들도, 심지어 택시를 탈 때조차 좀 더 고가의 자동차를 선호하기 시작했다는 것은 자동차가 그저 효과적인 이동 수단 이상이라는 것을 보여준다.

자동차시대의 도래 이후 자동차는 효율적인 모빌리티 이상의 의미를 가지게 되었다. 사람들은 자동차에 대한 취향과 기호를 갖게 되었다. 흔하디 흔한 포드가 아니라 좀 더 특별한 자동차를 욕망하기 시작했던 것이다. 자동차 브랜드에 대한 투표가 신문을 통해 이루어지고 이 투표가 대중의 비상한 관심과 참여를 이끌어내었다는 것은 이 시기의 대중들이 더 이상 자동차 그 자체로 감탄하거나 자동차면 다 같은 자동차라는 식으로 생각하고 있지 않았다는 것을 보여준다. 자동차 인기 투표에서 1위로 뽑혔던 스튜드베이커 광고 헤드라인에서는 "선미(善美) 두 글자 외에는 더 할 말이 없다"라고 하며 자동차의 외양을 특별히 강조하였다. 이는 자동차의 기능, 내구성이나 적절한 가격뿐 아니라 아름다움이라는 가치가 자동차의 선택에 중요한 기준으로 등장했다는 것을 의미한다. 베블런이 『유한계급론』에서 지적했듯이 이제 권력이나 재력만으로는 상류층이라는 것을 드러내기에 부족하며 미적 감각, 취미와 취향 역시 소비에서 중요한 문제가 된 것이다. 또한 이에 따라 소비에 대한 욕망은 더욱 세분화되어 갔다.

앞서 살펴본 조선 명사들의 자동차 가격 순위를 매기는 『삼천리』의 가십성 기사 역시 자동차가 부와 지위, 즉 재력과 권력의 척도가 되는 상황을 잘 보여준다. 장안의 명사라면 자가용쯤은 으레 가지고 있었으며 최창학, 민대식, 방응모를 비롯한 조선에서 손꼽히는 유명 인사들은 값비싼 자가용을 앞다투어 보유하였다. 그리고 누가 어떤 자동차를 타는지, 그 자동차의 가격은 얼마나 되는지는 일반 대중들의 구미를 당기는 흥밋거리가 되었다. 총독을 비롯한 관용차 경쟁과 경성의 명사들 사이에 불었던 자가용 경쟁은 자동차가 이들에게 자신의 남다른 지위와 부를 드러내는 수단이자 자신의 남다른 취향의 증표가 되었다는 것을 보여준다. 자동차시대가 도래한 이후 자동차를 타는 사람과 그렇지 않은 사람으로 구별되던 시대에서 이제 어떤 자동차를 타는가에 기반한 구별짓기가 촘촘하게 이루어지는 시대로 전환되었던 것이다.

이와 같은 소비에 있어서의 구별짓기의 감각은 비단 자동차의 소유주에 한하는 것이 아니었다. 사람들은 이제 일상에서 거리를 달리는 다양한 자동차를 목격하게 되었고, 또한 택시의 급증과 이용료의 경쟁적 인하에 따라 자동차를 이용할 수 있는 사람들도 차츰 늘어나게 되었다. 염상섭의 소설에서 엿볼 수 있듯 영업용 자동차를 이용하는 이들 역시 자동차의 디자인과 브랜드에 예민하게 반응했으며 택시회사들은 이러한 고객들의 욕망에 대응하여 고급 자동차를 대거 구입하고 영업에 활용했던 것이다.

7. 1929 조선박람회와 경성의 자동차시대

1929년 개최된 조선박람회는 조선 내 자동차의 유입, 보급의 중요한 계기가 되었다. 일제는 식민지 지배 기간 동안 식민 지배의 정당성을 대내외적으로 홍보하기 위해 조선 내에서 수 차례 공진회와 박람회를 개최하였다. 1929년 9월 경성에서 열린 조선박람회는 그 가운데에서도 규모가 큰 것이었다. 1929년 조선박람회는 9월 12일부터 10월 31일까지 오십여 일 동안 경복궁에서 개최되었다. 당시 박람회의 예산이 백여만 원이었다고 하니 이 시기의 임금이나 자동차 가격과 비교해 본다면 이 역시 얼마나 큰 규모의 행사였는지 미루어 짐작할 수가 있다. 또한 박람회에 대한 일반 대중들의 관심 역시 뜨거워 사전에 박람회 참가 신청에는 60만이 넘는 지원자가 몰렸다고 한다.

공진회와 박람회에서는 새로운 기술을 활용한 다양한 상품들이 전시되었는데 그중 대표적인 것으로 에디슨의 전구, 포드 자동차 등을 들 수 있다. 일본포드주식회사에서는 개최 전부터 『동아일보』에 조선박람회를 축하하는 전면 광고를 게재하였다. 또한 박람회에 관객이 폭주할 것을 예상한 자동차회사 경영자들은 이를 사업의 호기로 여기고 영업용 자동차 수를 크게 늘렸다. 그 외에도 자동차회사에서는 조선박람회 일정에 맞추어 여러 행사를 마련하였다.

그림 27 | 1929년 9월 경복궁에서 열리는 조선박람회를 앞두고 경성역 앞에 집합한 포드 신차의 행렬

위의 사진은 조선박람회를 앞두고 경성역 앞에 수십 대의 신형 포드 자동차가 집합해 있는 광경을 촬영한 것이다. 경성의 포드 특약판매소에서는 박람회 일정에 맞추어 자동차를 수입한 후, 행진곡을 울리며 줄지어 자동차가 행진하는 행사를 기획하였다. 『매일신보』의 기사에 따르면 당시 경성 내에 있는 자동차의 수는 삼백여 대였다. 포드 특약판매소장 우에노 쇼시치는 이와 관련하여 이번에 조선을 필두로 중국, 만주 등에 대대적으로 포드 자동차를 공급하게 되어 이미 요코하마 공장에서는 일일 200여 대를 제조할 수 있도록 준비를 마쳤다고 밝혔다. 또한 박람회에 맞추어 포드 자동차 스물세 대를 경성으로 수입한 것 역시 이와 같은 동양 진출의 일환이라는 점을 강조하였다. 기자는 이와 같은 자동차 선전 행렬이 행인의 주목을 끌었다고 평하며 조선의 대경성에도

마침내 자동차시대가 왔다고 역설하였다.

그림 28 | 1929년 조선박람회 당일 기생을 동반한 박람회 선전 자동차

그뿐 아니라 조선박람회의 홍보 및 운영을 담당하였던 협찬회에서는 박람회 선전을 위해 자동차 수십 대에 조선박람회 깃발을 꽂고 차체에 조선박람회 선전 문구를 부착하여 경성 전역을 행진하였다. 그뿐 아니라 각 권번에서 기생 수백 명을 섭외하여 자동차에 함께 태워 경성 시내를 돌아다니며 박람회를 홍보하였다. 요란한 노랫소리를 울리며 경성 시내를 줄지어 달리는 자동차의 행렬과 조선박람회에 전시된 최신형 자동차의 모습은 경성 사람들의 이목을 집중시켰고 이는 조선의 경성에도 이른바 '자동차시대'

가 찾아왔음을 가시적으로 선언하는 이벤트였다. 이렇게 박람회를 맞이하여 경성 전역을 행진하는 신형 자동차의 행렬과 박람회장에 전시된 자동차들은 박람회를 기회로 한몫을 벌어보려는 자동차회사들의 장삿속에서 나온 것인 동시에 식민 지배의 타당성과 성과의 과시라는 박람회의 취지에 잘 들어맞는 스펙터클이기도 했다.

1929년의 조선박람회는 자동차뿐 아니라 관련 산업의 성장을 견인하였다. 박람회는 자동차보험 업계에도 호기였다. 1924년 경성 황금정의 미카도자동차회사에 불이 나 자동차 아홉 채를 비롯하여 도합 8만 원 상당의 손해가 발생하였다. 다행히 회사의 건물과 자동차는 화재보험에 가입한 상태라 손해를 곧 회복하고 영업을 계속할 수 있었다. 이때 미카도자동차회사가 가입했던 것은 조선화재해상보험이었다. 조선화재해상보험은 현 메리츠화재해상보험의 전신으로 1922년 설립된 조선 최초의 화재보험회사였다. 기본적으로 보험은 사람들의 눈에 보이지 않는 잠재적인 경제적 위험을 상품화한 것이다. 자동차는 당시 주택을 능가하는 고가의 물건이었고, 자동차가 이동하면서 발생하는 인신사고 보상금 역시 거액인 경우가 많았다. 자동차가 양적으로 늘어나고 그에 비례하여 자동차 관련 사고도 증가하면서 자동차 전문 보험의 필요성이 대두되었다. 물론 자동차시대 이전에도 보험은 존재했다. 그러나 자동차는 부동산만큼 고가이면서 이동을 통해 좀 더 많은 변수에 노출될 수밖에 없으므로 자동차시대는 별도의 보험 상품을 좀 더 많이 요구하게 되었다.

자동차보험은 영국에서 1800년도 말부터 시작된 것으로 알려져 있다. 일본에서는 1914년 도쿄마린니치도(東京海上日動)가 자동차보험 인가를 받아 영업을 시작하면서 자동차보험 상품이 최초로 등장하였다. 1920년대 후반 일본 내에서도 자동차가 급증하면서 자동차전문보험회사의 설립이 논의되기 시작했다. 1928년 대일본자동차보험회사(大日本自動車保險會社)가 자동차에 관한 재해보험책임보험 업무를 목적으로 도쿄에 설립되었다. 이때 대일본자동차보험회사의 영업 범위는 일본 내지로 제한되었다. 이렇게 일본에서 자동차전문보험회사가 설립되면서 조선 내에서도 1920년대 후반부터 자동차보험의 필요성이 논의되기 시작했다. 그간 조선 내에서 자동차와 관련한 보험 영업은 도쿄마린니치도의 대리점인 미쓰이(三井)가 담당하고 있었다. 일본에서의 자동차전문보험회사의 설립에 자극을 받은 미쓰이물산에서는 조선 내에서의 영업자동차보험을 개시하기로 결정하였다. 『중외일보』의 기자는 「자동차보험 개시」(1928.8.30.)라는 기사에서 일본에서 설립되는 대일본자동차보험회사가 머잖아 조선에 진출할 것이며 그에 발맞춰 그간 자동차보험 상품은 취급하지 않았던 조선화재 역시 자동차보험으로 영역을 확장할 것이라 내다보았다. 기자는 이 소식을 전하며 자동차보험이 더욱 각계의 관심을 받게 될 것으로 전망하였다.

 자동차보험이 실시된 지 이태만에 가입자 수가 크게 늘어 1929년 6월 기준 삼천 대에 달했다. 이는 부영버스 등을 모두 포함한

숫자이기는 하였으나 단 2년만에 상당한 성장을 보였다고 할 수 있다. 특히 1929년 조선박람회는 자동차보험 확장의 계기로 작용하였다. 미쓰이물산 경성지점은 조선박람회로 인해 자동차 수가 크게 늘고 이에 따라 다양한 사고 위험 역시 증가할 것으로 보고 자동차보험의 보급을 위해 적극적인 영업에 나섰다. 미쓰이물산 측은 자사의 자동차보험이 1. 자동차 자체의 손해, 2. 타인에 끼친 손해 배상의 책임, 3. 운전수, 승객 등의 장해 보험까지 포함하고 있다고 선전하였다. 이때 5,000원 상당의 영업용 택시를 기준으로 1의 경우 하루 26전, 1과 2를 동시에 가입하는 경우 하루 48전, 1과 3에 동시 가입하는 경우 하루 52전, 세 가지 전부를 가입하기 위해서는 하루 74전의 보험료를 납부해야 했다.

일찍이 보험회사와 자동차회사에서 예측했던 대로 박람회 개최 기간 중 자동차뿐 아니라 전차, 버스 등 여러 교통기관은 일대 호황을 맞이하였다. 그중에서도 가장 눈에 띄게 늘어난 것이 바로 **택시**였다. 박람회 전에 오백여 대였던 택시는 박람회 기간 중 삼백여 대가 늘어나 팔백 대를 돌파하게 되었으며 택시 한 대당 수입 역시 두 배 이상 늘어났다고 한다. 이로써 경성에는 완연한 "자동차의 홍수"가 연출되었던 것이다. 일찍이 지금껏 보지 못한 속도와 외양으로 등장해 사람들을 놀라게 만들었던 자동차는 일상의 영역으로 들어오게 되면서 자동차보험 같은 전에 없던 산업과 상품을 만들어내는 등 다양한 변화를 이끌어내고 조선의 제부문에 변화를 촉발하였다.

III.

자동차의 뒷좌석, 체험되는 자동차 모빌리티

1. 자동차, 새 시대의 다이아몬드 반지

현재 물가로 수억 원을 호가하는 자동차를 이용하는 사람들은 대체 누구였을까? 조선 내에 자동차가 도입된 지 10여 년이 지난 1920년대 초에도 자동차는 여전히 대중적인 모빌리티라 보기 어려웠다. 이 시기 자가용으로 사용되는 자동차는 극히 적었으며 대부분은 지금의 택시처럼 영업용으로 사용되는 것이었다. 1922년 『동아일보』에 실린 마쓰다자동차부의 광고를 참조하면 서울 시내에서 영업용 자동차를 이용하는 삯은 기본 1원이었고, 한 시간 빌리는 데는 4원이 들었다. 이 비용은 인력거에 비해서는 상당히 부담스러운 것이었다.

현진건의 「운수 좋은 날」(1924)에는 인력거꾼 김첨지가 물정 모르는 학생에게 인력거 삯으로 1원 50전을 요구하는 장면이 나온다. 이는 말을 뱉은 김첨지 스스로도 놀랄 만큼 상당히 큰 금액이었다.

"그래 남대문 정거장까지 얼마란 말이요?"

(…중략…)

"일 원 오십 전만 줍시오."

이 말이 저도 모를 사이에 불쑥 김첨지의 입에서 떨어졌다. 제 입으로 부르고도 스스로 그 엄청난 돈 액수에 놀랐다. 한꺼번에 이런 금액을 불러라도 본 지가 그 얼마 만인가! 그러자 그 돈 벌 용기가 병자에 대한 염려를 사르고 말았다. 설마 오늘 내로 어떠랴 싶었다. 무슨 일이 있더라도 제일 제이의 행운을 곱친 것보다도 오히려 갑절이 많은 이 행운을 놓칠 수 없다 하였다.

"일 원 오십 전은 너무 과한데."

이런 말을 하며 학생은 고개를 기웃하였다.

"아니올시다. 잇수로 치면 여기서 거기가 4-5리가 넘는답니다. 또 이런 진날은 좀 더 주셔야지요."

— 현진건, 「운수 좋은 날」

'운수 좋은 날' 아침에 그가 태웠던 손님에게 받은 삯은 각각 삼십 전, 오십 전으로, 1원 50전은 꿈 같은 금액이었다. 1원 50전이라는 인력거삯은 김첨지에게는 용기와 행운이라 할 만큼 엄청난 액수였던 것이다. 그에 비해 이 시기 자동차를 한 시간 이용하려면 기본적인 삯과 시간당 이용료를 함께 지불하여야 했고, 이 비용은 인력거삯의 서너 배에 달했다. 이 때문에 자동차를 이용하는 사람들은 부유층 혹은 권력층이었고 자동차는 부와 권력의 상징이기도 했다.

이광수의 「재생」에서 자동차는 가난한 주인공 봉구와 장안에 유명한 부자인 백윤희의 처지를 가시적으로 벌리는 역할을 한다. 백윤희는 자동차를 자기 마음대로 이용할 수 있지만, 주인공 봉구는 자동차라는 말에 벌써 주눅이 들고 만다. 이러한 측면에서 자동차는 「재생」의 주인공 순영의 허영을 상징하는 것으로 자주 언급되어 왔다. 이 작품 속에서 순영에게 배신을 당한 봉구 스스로

「금색야차(金色夜叉)」의 간이치를 언급한다. 오자키 고요(尾崎紅葉)의 「금색야차」는 우리에게 "김중배의 다이아 반지가 그렇게 좋더란 말이냐"라는 대사로 잘 알려진 조중한의 「장한몽」의 원작으로, 돈이 없어 미야에게 버림받은 간이치가 복수를 위해 고리대금업자가 되는 내용을 담고 있다. 「재생」의 순영은 「금색야차」의 오미야나 「장한몽」의 심순애처럼 자신을 진심으로 사랑해 주지만 가진 것이 없는 봉구와 이름난 부자인 백윤희를 저울질하다 끝내 백윤희를 선택하였다.

> 백은.
> 『옛다. 금강석 반지를 받아라 자동차를 받아라. 음란한 유혹의 만족을 받아라!』
> 하고 거만하게 점잖게 자기를 부르고 그와 반대로 봉구는
> 『내 몸을 받으소서. 내 맘을 받으소서.』
> 하고 자기의 발밑에 꿇어 앉았다. 순영은 그 사이에 서서 이 팔을 내어 밀까 저 팔을 내어 밀까 하고 망설인다. 순영에게는 둘을 다 가지고 싶었다. 백에게 좋은 것이 있었고 봉구에게도 좋은 것이 있었다. 백의 음탕한 것과 돈과 봉구의 깨끗하고 어린 것과 또 뜨거운 사랑과 이것을 다 아울러 가지고 싶었다.
> ―이광수, 「재생」

봉구와 백윤희 모두에게 청혼을 받은 순영은 학교로 돌아와

누구를 선택할지 고민하였다. 봉구는 자신의 몸과 마음을 바쳐 사랑을 간구하는 반면, 백윤희는 다이아몬드 반지와 자동차로 순영을 유혹하였다. 말하자면 이 지점에서 자동차는 김중배의 다이아몬드 반지 같은 역할로 이해되었던 것이다. 그리고 순영은 마침내 백윤희의 자동차를 택했다.

이렇게 1920년대 들어 자동차는 신여성, 여학생들의 허영과 물욕을 드러내는 표상으로 종종 활용되었다. 1927년 『동아일보』에는 「여학생계에 일언(一言)」이라는 독자 투고가 실린 바 있다. 이 글의 필자는 여학생들이 대절 자동차를 타고 다니며 사진 찍기를 일삼는 것을 통탄하며 여학생들을 훈계하였다. 이 글에서 자동차는 조선 사회가 경제적으로 곤란을 겪고 있는 현 시점에 여기에 관심을 두지 않고 분에 넘치는 사치에 여념이 없는 여학생계를 상징하는 것이었다. 당시 자동차는 일반인들이 소유하기에는 매우 고가였기에 이외에도 여러 텍스트에서 이를 소유한 남성의 부를 표상하는 한편, 여성을 꼬이는 수단으로 등장하였다. 1927년 잡지 『별건곤』에는 흥미로운 기사가 실렸다. 『별건곤』은 식민지 시기를 대표하는 대중취미잡지로 가십성 기사를 자주 실었는데, 특히 신여성들이 그 대상이 되는 경우가 많았다. 그 중 「결혼 실패가 열전」이라는 글이 "노총각"이라는 필명의 필자에 의해 기고되었다. 그는 나혜석, 김원주, 허정숙 등 당대 이름난 신여성들을 결혼 실패 사례로 나열하며 "피아노, 양옥집, 자동차" 이 세 가지만 구비하면 어떤 처녀가 남자의 사람됨됨이나 인격을 따지겠냐고 한껏 비꼬았다. 즉 자동차는 피아노와 양옥집과 함께 신여성의 물질에 대한 욕망을 상징하는 것이었다.

또한 같은 잡지에 이듬해 실린 「모던걸 참회록」이라는 글은 더욱 노골적이었다. 이 기사는 윤옥희와 이명숙이라는 두 신여성이 자신의 방탕한 과거를 반성하며 쓴 글로, 이 중 이명숙의 글에는 마치 심순애 혹은 순영처럼 두 남자를 두고 저울질했던 자신의 과거를 참회하는 내용이 담겨 있다. 그는 무도강습소에서 만난 T와 K 사이에서 갈팡질팡했다. T의 인품에 이끌려 T를 사모하던 이명숙은 K가 자신의 집 앞으로 자동차를 보내며 자동차 운전수를 시켜 초콜릿이며 고급학용품을 선물하자 그에게로 점점 마음이 기울었다. 그러면서도 T와도 만남을 지속하였다.

호화로운 생활을 정말 하고 싶었습니다. 그 후부터는 K로부터 이전에 내가 입고 싶어 하던 서양 치맛감도 오고 구두도 새 것이 왔습니다. 그 동안에 얄밉게 보이던 K가 오히려 현대적 남자의 자격이 있는 청년으로 높이 보이게 되었습니다. 이리하는 사이에 내 신체의 모든 것이 K의 것으로 포위되고 말았습니다. 완전히 K의 포로가 되었습니다. (…중략…)

내 정조는 T와 K의 두 남자의 소유가 되어 버렸습니다.

T가 그립고 K가 싫으면서도 좋은 외투를 입고 구두를 신고 자동차를 타고 싶은 욕망을 채우고 싶어 K를 버릴 수가 없었습니다.

— 「모던걸 참회록」, 『별건곤』 제16·17호, 1928.12.

그는 이렇듯 T를 마음에 두고 그리워하면서도 호화로운 생활을 하고 싶은 욕망, 좋은 외투를 입고, 구두를 신고, 자동차를 타고 싶은 욕망에 K를 놓지 못했다. 그러나 K는 상습적으로 돈을 활용해 여자의 마음을 얻어 내는 바람둥이였고, 이명숙은 결국 T와 K 모두에게 버림받게 되었다.

이처럼 이 시기 자동차는 곧잘 모던걸, 여학생 등 신여성들의 사치스러운 욕망과 허영을 상징하는 물질이자 동시에 신여성들의 허영을 자극하는 남성들의 한 수단으로 미디어에 등장했다. 남성들은 자동차를 이용해 여성을 유혹하였고, 여성들은 자동차로 대표되는 물질에 미혹되는 존재로 곧잘 그려졌다. 그리고 자동차를 타는 여학생들은 사치와 향락에 빠져 자신의 본분을 잃은 것으로 비판되었다. 1910년대 발표된 「장한몽」에서 재력과 호화스러운 생활 및 그에 대한 여성들의 허영심을 가시적으로 표상하는 것이 김중배의 다이아몬드 반지였다면, 이제 자동차가 새 시대의 다이아몬드 반지 역할을 하게 되었던 셈이다.

2. 자동차는 부랑자나 타는 것

여학생, 신여성과 함께 자동차의 주된 이용객으로 지목되었던 것은 기생을 동반한 부랑청년들이었다. 『동아일보』는 1924년 신년 기획으로 다양한 직업군의 인물들에게 "세상의 면면"에 대해 인터뷰를 하였다. 이때 미카도자동차의 운전수라고 밝힌 홍순태는 최근 자동차 승객 가운데 실용적인 목적으로 이용하는 사람이 늘어나고 있어 "자동차는 부랑자나 타는 것이라는 누명을 족히 벗을 줄"로 믿는다고 하였다. 뒤집어 보면 이 시기 자동차를 타는 것은 주로 부랑자라는 것이 세간의 시선이었던 것이다. 이때 부랑자란 현재의 의미에서의 정해진 거처가 없이 돌아다니는 이들을 이르는 것이 아니라, 오히려 '불량'이라는 의미에 더 근접하다. 부랑청년이란 하는 일 없이 요릿집이나 기생집을 다니며 소일하며 부형의 재산을 쓰고 무위도식하는 청년들을 의미하였다.

이와 같은 부랑청년에 대한 비판은 이미 1910년대 등장하기 시작하였다. 신소설 작가 최찬식은 「부랑자경고가」를 통해 매우 소상하고 구체적으로 "시대의 풍조"와 "유행" 속에서 나타나는 부랑한 자제들을 그려내고 있다. 「부랑자경고가」는 상당히 긴 가사체로 당시 청년들의 불량 행위를 신랄한 어투로 고발하며 비판하고 있다. 이러한 부랑에 따라 붙는 것이 바로 하이칼라라는 말이었다. 1918년 『반도시론』이라는 잡지에는 흥미로운 소식 하나가 실렸다. 이 잡지는 1910년대 최남선과 함께 조선 잡지계의 쌍두마차로 불렸던 다케우치 로쿠노스케(竹內錄之助)가 발간한 것으로 식민 지배층의 논리를 고스란히 담아내는 논조를 드러내었다. 특히 『반도시론』에는 당시 청년계에 대한 비판이 자주 실렸는데, 4호의 「연어앵성(鷰語鶯聲)」이라는 제목의 글에서는 경성요리집 앞에서 야밤에 벌어진 자동차 쟁탈 경쟁의 소식을 전하고 있다. 이 글에서는 한밤중에 요릿집에서 기생들을 동반하여 먹고 마신 후 자동차를 불렀는데 한 대만 오자 자동차를 차지하기 위해 다툼을 벌인 이야기를 소개하고 이를 통해 당대 청년들의 부랑을 분석하며 비판한다.

> 6월 11일 야반에도 경성 요리점 영흥관 앞에서는 하이칼라 청년들의 자동차전이 일어났는데 한쪽은 최기봉이라는 자, 한쪽은 김종성이라는 자, 양방은 공히 장래의 태반거리로 같은 날 밤 각기 기군을 반하여 요리를 즐기고 돌아가는 길에 양방이 동시에 부른 자동차는 공히 한 대만 도래한 고로 선후의 경쟁이 대전투를 이룬 모양.
> ―「연어앵성(鷰語鶯聲)」, 『반도시론』 제4호, 1917.7.

이 글에서 자동차는 늦은 밤까지 술을 잔뜩 마신 부랑청년들을 실어나르는 데 사용되는 것이었다. 대절한 자동차가 한 대만 도착하자 술이 잔뜩 취해 서로 자기가 타겠다며 다투는 장면을 기자는 야밤에 하이칼라 청년들의 자동차 전쟁이 벌어졌다고 표현하며 한껏 비꼬았다. 이때 등장하는 하이칼라라는 표현은 1900년대 일본에서 남자 양복 유행이었던 하이칼라의 셔츠, 즉 와이셔츠의 깃에서 유래한 것이다. 한 신문 기자가 미국 유학에서 돌아온 정치가 가네코 겐타로(金子堅太郎)를 "태서풍의 칼라를 높이 올려서 잰 체하며 마치 방금 일본에 귀국한 것처럼 보이려는 것 같아 거슬리기 짝이 없다"라고 비판하면서부터 일본 내에서 하이칼라라는 표현이 일반적으로 사용되었다고 한다. 이처럼 하이칼라라는 말은 서구풍의 유행을 모방한 과시적인 소비 행태를 가리키는 것으로 조선에서도 주로 부정적인 뉘앙스로 사용되었다. 자동차는 1910년대 후반부터 곧잘 기생집, 요리집, 극장 앞을 오가는, 부랑청년들의 전유물이자 동시에 분수에 맞지 않는 서양 흉내를 의미하는 하이칼라의 대표적인 상징물이었다.

이렇게 돈을 물쓰듯 쓰는 부랑청년들이 기생과 함께 자동차를 타고 경성 시내를 돌아다니는 일이 잦아지자 당국에서는 풍기상의 문제를 들어 이에 대한 단속을 실시하였다. 순사에게 기생과 동반하여 자동차를 타는 것이 발각되면 취조를 받고 일장훈계를 당한 후 훈방되는 것이 일반적이었다. 한편 일찍이 『매일신보』에는 자동차 풍기 단속과 관련하여 흥미로운 기사가 실렸다. 기생을 동반하여 자동차를 타고 다니는 것을 단속하기 시작하자 기생에게 넘징을 시켜 자동차 드라이브를 즐기는 부랑자들이 있다는 첩보가 들어와 당국에서 단속을 강화하고 있다는 것이다. 예나 지금이나 규제가 있으면 이를 피하기 위한 꼼수 역시 어떤 식으로든 발달하는 모양이다.

1920년대 자동차 보급이 늘어나면서부터 자동차를 유흥에 활용하는 이른바 부랑청년들의 일탈은 더욱 심화되었다. 이에 경성본정경찰서에서는 1920년 5월 관내 각 기생 권번에 자동차 탑승을 금할 것을 경고하기도 하였다. 당시 기생이 심야에 유흥객과 자동차에 동승하여 공원에 왔다갔다 하는 경우가 많아 공안풍속을 해할 우려가 있다며 이에 대해 엄중히 경고를 하였던 것이다. 물론 경찰에서 경고를 하였다고 상황이 크게 달라지지는 않았던 것으로 보인다. 이 경고 이후에도 자동차에 기생을 태우고 유흥을 즐기는 돈 많은 부랑자들에 대한 비판조의 기사가 자주 발견된다. 또한 날씨가 좋은 계절에는 남녀 동반하여 자동차를 타고 내부에서 풍기를 어지럽히는 행위를 하는 경우가 많아 봄철에는 남녀가 동승한 자동차 자체가 단속 대상이 되기도 했다.

  부랑청년들이 기생을 동반하여 자동차를 타고 다니는 것은 당국의 단속 대상이 되었을 뿐 아니라, 일반의 곱지 않은 시선을 받게 되었다. 1924년 『조선일보』에 한 참외장수가 글을 기고하였는데, 그 글의 제목은 "팔자 좋은 청년"이었다. 자신은 매일 아침 여섯 시에 일어나 참외를 짊어지고 한강 인도교 주변에 가서 밤 열두 시까지 참외 사라고 목청껏 외치며 참외를 팔아도 겨우 십 전을 벌어 집으로 돌아오는 것이 일과인데, 밤이면 자동차에 싣고 달려오는 신사며 양장한 여학생과 쏘다니는 청년들을 보면 참으로 부럽다는 것이다. 그 외에도 『동아일보』의 기사에서 한 기자는 한 서양인의 조선 시찰 감상을 인용하며 조선의 자동차와 요리집은 오직 부랑남녀의 유흥을 위해서만 존재하는 것 같다며 자동차의 승객들을 잔뜩 비꼬기도 하였다. 이처럼 자동차는 조선에 도입된 이래 오랫동안 사치와 향락, 허영의 상징으로 다루어졌고, 이에 대한 비판의 목소리가 끊이지 않았다.

3. 둘만의 공간, 밀실의 모빌리티

앞서 살펴본 바와 같이 이 시대 자동차는 집에 돈이 많아 유흥으로 허송세월을 하는 부랑청년들이나 혼인 상대자의 물질적인 부분만 중시하는 신여성들의 허영의 상징으로 자주 표현되었다. 그러나 자동차가 단지 부나 물욕의 상징으로서만 기능하는 것은 아니었으며, 그것에 매혹된 것이 부랑청년이나 허영에 빠진 여성만은 아니었다. 자동차 모빌리티의 새로움은 당대 청년들의 마음을 단숨에 사로잡았다.

이광수의 「재생」은 순영의 재촉을 받아 봉구가 자동차를 대절하기 위해 돌아다니는 장면으로 시작된다. 봉구와 순영은 3.1운동을 준비하며 만나 서로를 사랑하게 되었다. 그러나 만세운동이 좌절되면서 봉구와 순영은 체포되어 순영은 금방 풀려난 반면 봉구는 2년여의 감옥 생활을 하게 되었다. 감옥에서 오매불망 순영만 그리던 봉구는 석방된 후 순영에게 연락을 하였다. 순영은 봉구가 감옥에 있는 동안 봉구에 대한 감정이 이미 변했으나 봉구의 간곡함에 마음이 움직여 석왕사로 함께 여행을 가기로 약속하였다. 청년회 주최의 음악회가 끝나고 순영은 자신을 기다리고 있던 봉구에게 시간이 촉박하니 자동차로 이동할 것을 권한다. 이에 봉구는 근처의 호텔로 뛰어가 지배인과의 실랑이를 통해 마침 들어오던 자동차를 가까스로 대절하여 순영을 태우러 부인 상회로 향한다.

『어서 나가야 돼요! 그놈의 청량리 전차를 믿을 수가 있나. 어떤 때에는 이십분씩이나 사람을 기다리게 하는걸- 댁에 갔다 오실 새는 없습니다. 바로 나가야지.』하고 학생은 순영이야 따라오거나 말거나 급히 가야 된다 하는 듯이 한걸음 앞서 층층대를 향하고 나온다. 순영은 어찌할 바를 모르는 듯이 또는 좀 성을 내는 듯이 한번 더 양미간을 짱긋하고 눈을 깜박깜박하더니 다시 상긋 웃고 빠른 걸음으로 학생의 뒤를 따라 층층대 중간에서 그를 앞서려는 듯이 스치며 그의 손을 더듬어 한번 꼭 쥐고,

『그럼 바로 나가요! 우리 자동차 불러 타고 나가요! 시간 안 늦게.』하고 고개를 돌려 학생을 본다. 학생도 할 수 없는 듯이 빙긋 웃고는 둘이서 청년회관 문을 나섰다.

『자동차!』

자동차라는 말에 너무 으리으리해서 놀라기도 하였으나 전차를 타고 가다가 아는 사람들을 만나는 것보다는 차라리 돈을 좀 들이더라도 자동차로 가는 것이 좋겠다. 더욱이 순영이와 단둘이 자동차를 달려가는 것을 상상할 때에 학생은 자릿자릿한 기쁨을 깨달았다.

―이광수, 「재생」

3년에 가까운 수감생활 동안 바깥의 세계와 동떨어져 있던 봉구가 자동차라는 말 자체를 으리으리하게 느끼는 것과 달리 순영은 너무도 심상하게 자동차를 입에 올린다. 봉구는 자동차로 가

자는 순영의 말에 일순 위화감을 느끼면서도 순영의 말에 따른다. 이는 단순히 봉구가 순영에게 흠뻑 빠져 그가 원하는 것이면 무엇이든 들어주고 싶다는 욕망에 사로잡혀 있었기 때문만은 아니다. 위의 인용문에서 드러나듯 자동차는 기차와는 달리 아는 사람을 마주칠 위험이 없이 "단둘이" 탈 수 있다는 새로운 특질을 갖고 있었다. 이 장면에서 봉구 역시 자동차로 순영과 단둘이 달리는 것을 상상하며 "자릿자릿한 기쁨"을 느끼고 있다. 자동차에 매혹된 것은 순영만이 아니었던 것이다.

이렇게 아는 사람을 마주칠 위험 없이 단둘이 탈 수 있다는 자동차의 특성, 즉 이동하는 밀실을 제공한다는 자동차 모빌리티의 특성은 자동차 내에서의 다양한 장면을 연출하는 것이 가능하게 한다.

『에그머니, 땀을 흘리시네……이를 어째!』 하고 향내 나는 부드러운 손수건을 꺼내어 우선 봉구의 목의 땀을 씻고 그리고는 한 팔로는 봉구의 어깨에 매어 달려서 그 이마의 땀을 씻고 그리고는 그의 가슴에 땀을 씻으려는 듯이 저고리 단추를 두어 개 끄르더니 그럴 수는 없다 하는 모양으로 손에 들었던 수건을 봉구에게 주며,

『자, 단추를 끄르고 땀을 씻으세요, 네, 어서!』 하고 봉구가 몸을 맘대로 움직일 자유를 주노라고 잠깐 물러 앉는다.

순영은 고개를 들어 봉구를 치어다보며,

『왜 그렇게 저를 보세요? 제가 무엇 잘못한 거나 있어요?』
하고 동생이 그 형제에게나 하는 모양으로 고개를 기울여 봉구의 어깨에 기대고 한 팔로 봉구를 껴안으면서,

『설혹 제가 잘못한 게 있더라도 유우(당신)께서는 모두 용서해 주세요- 그렇지요. 유우께서는 저를 사랑하시니까요.』하고 말끝이 흐린다. (…중략…) 순영은 봉구의 어깨에 기대었던 머리를 굴려서 봉구의 가슴에 묻고 비볐다. 순영의 등은 들먹거렸다- 그는 운다. 봉구는 손으로 순영의 들먹거리는 등을 만졌다. 그리고 순영의 머리에 자기 뺨을 비비면서,『자 다 왔소, 일어나시오.』하였다.

—이광수,「재생」

그림 29 | 자동차 안에서 밀회를 즐기는 봉구와 순영을 표현한「재생」의 삽화

순영은 자동차 안에서 봉구의 땀을 닦아주기 위해 그의 단추

를 끄르거나 가슴에 머리를 묻고 비빈다. 봉구 역시 순영의 등을 손으로 쓸기도 하였다. 봉구와 순영은 자동차 안에서 온전히 "단둘이" 있을 수 있게 되었고, 이 속에서는 타인의 존재나 시선을 의식하지 않아도 되기 때문이다. 『동아일보』에 연재되던 당시 이 작품의 삽화를 그린 것은 안석주였다. 안석주는 봉구와 순영이 자동차를 타는 장면이 나오는 회차에서 둘이 머리를 맞대고 기대고 있는 모습을 삽화로 표현하였다. 봉구와 순영이 자동차로 이동한 것은 십여 분의 짧은 시간이었다. 그러나 단둘이서 자동차 안에서 시간을 보냄으로써 이들은 농밀한 감정을 서로 주고받게 된다. 이로써 지극히 사적인, 이동하는 공간이 창출되었던 것이다.

이와 같은 밀실의 모빌리티는 아는 사람을 만날 수도 있으며 함께 승차한 사람들의 눈을 지속적으로 의식해야 하는 기차 혹은 전차라는 광장의 모빌리티와 비교할 때 더욱 두드러지게 드러난다. 「무정」에서 병욱과 영채가 처음 만났던 것은 기차 안이었다. 순결을 빼앗겼다고 절망한 영채는 유서 한 장만을 남긴 채 기차에 올랐다. 기차 안에서 영채는 우연히 일본 유학생 병욱을 만나 마음을 고쳐먹게 된다. 기관차의 석탄 가루가 들어가 눈물을 흘리고 있는 영채를 발견한 병욱은 영채의 눈에서 석탄가루를 빼주기 위해 애를 쓴다. 영채의 눈에 들어간 석탄가루가 좀처럼 나오지 않자 병욱은 "남들이 없었으면 혓바닥으로 핥았으면 좋으련만"이라고 한탄한다.

부인은 영채를 안을 듯이 마주앉으며,

"아니야요. 석탄 가루가 눈에 들어가면 잘 나오지를 아니해요" 하고 수건을 손가락 끝에 감아 들고 한편 손으로 영채의 눈을 만지며,

"이 눈이야요? 이 눈이야요?" 하다가 영채의 오른 눈 윗시울을 들고 가만히 들여다보다가 수건으로 살짝 씻어 낸다. 그 하는 모양이 극히 익숙하고 침착하다. 영채는 하는 대로 가만히 앉았다. 그 부인의 피곤한 듯한 따뜻한 입김이 무슨 냄새가 있는 듯하면서도 향기롭게 자기의 입과 코에 닿는 것을 깨달았다. 부인은 좀더 바싹 영채에게 다가앉으며, 눈을 비집고 연해 고개를 기울여 가며 씻어 낸다. 부인은 화가 나는 것같이,

"에그, 남들이 없었으면 혓바닥으로 핥았으면 좋으련만" 하더니, "에라! 나왔어요. 이것 보셔요. 이렇게 큰 게 들어갔으니까" 하고 수건에 묻은 석탄 가루를 영채에게 보인다.

—이광수,「무정」

또한 「무정」의 후반부에서 영채가 유학을 떠나는 형식과 선형을 기차에서 우연히 만나 형식과 자신의 가혹한 운명을 원망하며 울음을 터뜨릴 때 병욱은 "애, 다른 손님들이 이상하게 여기겠다. 울지 말어라⋯⋯"라며 영채를 달래기도 하였다. 즉 병욱은 자신이 하고 싶은 행위, 혹은 영채의 울음 등을 기차 속의 다른 승객들의 시선을 의식하며 단속했던 것이다. 이처럼 기차 안에서 하

는 행위가 다른 사람에게 보일 수 있다는 것을 「무정」의 인물들은 끊임없이 의식하고 있다. 이 점에서 기차 안은 사람들이 오가고 또한 시선이 오가는 매우 공적인 공간이다. 이 속에서 사람들은 서로를 관찰하고 또한 의식한다.

이에 반해 자동차 안의 공간은 남들의 눈을 의식하지 않고 "단둘"의 고백을 주고받거나 애정행각을 나눌 수 있는 비밀스럽고도 지극히 사적인 공간이라는 점에서 기차나 전차의 공간과는 명백히 대비된다. 이 속에서 인물들은 다른 사람의 시선을 의식할 필요 없이 자신들의 욕망을 비교적 자유롭게 표출할 수 있게 되었던 것이다. 그러므로 이 시기 자동차를 함께 탄다는 것은 기차나 전차를 함께 탄다는 것과 전혀 다른 의미였다. 1923년 『조선일보』에 연재되었던 「형산옥」이라는 소설에는 여성 인물이 남성에게 함께 자동차를 타고 갈 것을 권하는 장면이 나온다. 여성은 남성의 행선지를 묻고 마침 가는 길이 비슷하니 동승하자고 제안한다. 여기에서 잘 알지도 못하는 남성에게 함께 자동차를 탈 것을 권하는 여성의 제안은 매우 대담하고도 당돌한 것으로 비치고, 남성은 이러한 제안에 얼굴을 붉히며 거절한다. 즉, 함께 이성이 단둘이 자동차를 탄다는 것은 이미 둘 사이가 심상하지 않다는 것을 의미하는 것이었으며, 그런 의미에서 여성의 제안은 노골적인 추파로 받아들여졌던 것이다. 염상섭의 소설에도 자동차라는 공간의 이와 같은 특성이 드러나는 장면이 있다. 염상섭의 「광분」(1929)의 주인공 경옥과 그의 계모 숙정은 주정이라는 남성을 동시에 마음에 두고 있다. 숙정은 경옥과 주정이 맺어질까 노심초사 경계하는데, 어느 날 경옥과 주정이 밤 늦게 자동차를 함께 타고 돌아온 것을 알고 몹시 분개한다. 함께 자동차를 타고 다녔다는 것만으로도 이미 경옥과 주정의 사이가 심상치 않음을 짐작할 수 있기 때문이었다.

자동차는 외부의 시선으로부터 자유로운, 비밀스럽고 사적인 공간을 제공했다. 이 밀실로서의 자동차는 공적인 광장의 역할을 했던 기차 안과는 전혀 다른 성격의 공간이었다. 기차와 달리 자동차 안에서 승객들은 자신의 욕망을 숨길 필요가 없었다. 연인들은 자동차를 이용해 데이트 장소로 달려갔으며 때때로 자동차 그 자체가 밀회의 공간이 되었다. 이러한 자동차 모빌리티의 특성으로 인해 자동차는 동승하는 이들의 관계에 대한 방증이 되었던 것이다. 그리고 외부로부터 독립된 밀실을 제공하는 자동차 모빌리티는 당시 청년들의 마음을 빠르게 사로잡았다.

앞서 「무정」의 형식이 활동사진 속 자동차의 속도에 매혹되었다면, 봉구는 속도보다는 단둘만의 공간이라는 점에서 자동차의 매력을 발견하였다는 점도 흥미롭다. 형식에게 자동차는 목적지에 더 빠르게 닿기 위해 요구되는 것이었다. 이와 달리 봉구는 둘만의 밀실로서의 자동차 모빌리티의 특성에 매료되었던 것이다. 이는 「무정」과 「재생」의 차이를 단적으로 드러낸다. 「무정」의 세계에서 중요한 것은 속도였던 반면, 「재생」의 세계에서 중요한 것은 사적인 공간과 감정이었다. 즉 근대, 문명이라는 정해진 목적과 방향으로 빠르게 나아가는 것이 「무정」의 지향이라면, 「재생」의 청년들에게는 속도보다 개별적이고 내밀한 감정과 사적인 세계가 더 중요해진 것이다.

4. 신혼여행은 자동차로, 자동차 신혼여행 잔혹사

자동차 속에서 승객들은 타인의 시선에 신경쓰지 않고 노골적으로 욕망을 표출할 수 있었다. 밀실을 제공하는 자동차 모빌리티의 특성은 근대적 자유연애를 꿈꾸는 이 시기 젊은이들에게는 매우 매혹적으로 다가왔다. 자동차는 두 남녀가 함께 달콤한 말이나 애정행위를 나눌 수 있는 새로운 공간을 제공했는데 이 때문에 자동차는 연인들의 밀회, 은밀한 여행 혹은 신식 결혼을 한 부부의 신혼여행 수단으로 각광받게 되었다.

신혼여행은 1910년내만 하더라도 조선에서는 아직 낯선 개념에 가까웠으나 1920년대에 들어 신식 결혼의 필수적인 절차로 인식되기 시작하였다. 자동차로 예배당에 가서 목사 앞에 서서 반지를 교환한 후 피로연을 하고 신혼여행을 떠나는 것이 신식 결혼의 일반적인 과정이었다. 1926년 잡지 『별건곤』의 창간호에는 신식 결혼에 대한 매우 흥미로운 기사 하나가 실렸다. 이 기사의 기자는 "웨딩테이블생(生)"이라는 필명으로 신식 결혼식장의 풍경을 풍자적으로 묘사하였다.

그러나 신식 혼인 참 좋아요. 그런 더러운 냄새는 없습니다. 원체 집이 넓으니깐--. 오히려 가을이 넘어선 때면 난로를 피워야 할 지경이오니 참 시대도 변합니다그려! 조금 있더니 그야말로 말쑥한 양복을 입으신 중늙이의 신사가 드러오시겠지오. 옆에는 금테로 만든 성경책을 옆에 끼었습디다. 그는 지내간 자기의 불행한 결혼식을 연상하면서 감개무량한 듯이 머리를 은근히 구부리고 드러옵니다. 조금 있더니 밖에서는 자동차 소리가 「붕붕-」「으아-」라고 야단법석입니다. 옛날로 치면 사인교꾼이 「에카라! 째카라! 비켜서라 자-」하고 뒤떠드는 것이나 마찬가지겠지요. 자동차가 좋아요. 제일 구식이면 무슨 사인교꾼 등놈꾼 인력거꾼하고 삯 싸움하느라고 일 맡은 사람이 머리가 빠질 지경인데 자동차는 그것이 좋습니다.

―「자유결혼식장순례기(一), 포복절도할 결혼 형식의 각양각색」,
『별건곤』창간호, 1926.11.1.

요즘 청년들은 인습 타파를 주장하며 신식 결혼을 하지만, 이는 일본인과 서양인의 흉내를 내는 것으로 조선 옷이 양복으로, 족두리가 베일로, 사인교가 자동차로 바뀌었을 뿐 여전히 판에 박힌 형식에 얽매이고 있다며 기자는 신식 결혼을 비판하였다. 한편 이 기사에서 신식 결혼의 구체적인 식순을 확인할 수 있다. 신식 결혼에서는 신랑신부의 등장부터 자동차의 도움이 필요했다. 과거 앞뒤 두 사람씩 총 4명이 메는 가마를 타고 신랑신부가 식장에 나타났던 것과 달리 신식 결혼을 하는 신랑신부는 자동차를 타고 등장하며, 식이 끝나면 자동차를 타고 신혼여행을 떠난다. 기자는 자동차가 등장하면서 가마꾼이 삯을 흥정하느라 법석을 피우던 것이 사라진 것이 신식 결혼의 특징이라고 언급하였다. 신랑신부의 입장부터 신혼여행까지 자동차는 신식 결혼의 필수품이 되었던 것이다.

비슷한 시기 발표된 박종화의 소설 「여명」에는 자동차가 당시 신혼여행의 이미지와 어떻게 결합되고 있는지 잘 드러난다. 이 소설은 1925년 잡지 『개벽』에 실린 것으로, 주인공 태원은 시골에 있는 정혼자 대신 등굣길에 마주치는 여학생과의 결혼을 상상한다. 태원은 여학생과 결혼하여 자동차를 타고 신혼여행을 떠나면 모든 사람들이 자신들을 침을 삼키며 부러워할 것이라는 상상에 취한다.

> 태원은 기운 없이 자리에 탁 쓰러져서 눈을 감고 누웠다. 머릿속에는 얼기설기한 환영(幻影)이 산골에 흰 구름 일 듯 일어났다. 자기가 그 아침마다 만나보는 여학생과 정다웁게 사랑을 속살거리는 것이매 어느덧 자기와 그 여학생이 공회당에서 성대한 결혼식을 하야 가지고 눈같이 흰옷을 입고 아름다운 꽃을 가슴에 꽂은 그 여학생과 연미복을 입은 자기가 손목을 맞붙들고 나란히 걸어나와서 자동차에 나란히 걸터 앉으면 모든 사람들은 침을 삼키며 자기네를 부러워하는 광경이 나타났다.
>
> —박종화, 「여명」

태원은 연미복을 입고 여학생과 공회당에서 성대한 결혼식을 올린 후 둘이 자동차에 올라 신혼여행을 떠나는 장면을 떠올리는데 여기에서 자동차는 여학생, 공회당, 연미복 등과 연결되며 자유연애와 신식 결혼식의 상징으로 제시된다. 이러한 측면에서 자동차는 다양한 사적인 욕망에 대응하는 새로운 모빌리티인 동시에, 다양한 사적인 욕망을 다시 촉발하는 역할을 하고 있는 것이다. 이 시기 자동차를 타고 신혼여행을 떠나는 것은 자유연애를 경유한 근대적 혼인의 한 조건처럼 제시되기도 하였다. 다른 사람들을 의식하지 않고 둘만의 밀회를 즐길 수 있되, 이동이 가능한 자동차 모빌리티의 특성으로 인해 자동차는 신혼여행의 이미지와 강력하게 이어지게 되었던 것이다.

문제는 1920년대 들어 조선 청년계를 휩쓸었던 자유연애의 열풍이 미혼 청년들에게 한정된 것이 아니었다는 점이다. 앞서 살펴본 소설 「여명」의 주인공 태원은 이미 김생원의 딸과 정혼을 한 상태였다. 그러나 그는 학교를 다니며 마주친 여학생을 보고 혼자 사랑에 빠져 파혼을 결심하고 당장 혼담을 취소해달라고 부모를 조른다. 이렇듯 정혼자가 있는 남성이 다른 여성과 결혼을 하기 위해 정혼한 여성과 일방적으로 파혼하거나 이미 조혼한 남성들이 본부인을 버리고 신여성과 다시 혼인을 하는 경우가 적지 않았다. 그러다 보니 관련해서 다양한 촌극이 연출되기도 하였다. 당시의 신문에는 신여성과 혼인을 하고 자동차로 신혼여행을 떠나는 길에 본부인이 나타나 통곡을 하거나 길을 가로막아서는 사건이 종종 소개되었다.

　1925년 10월 3일 오후 다섯 시 즈음 황해도 장연읍내 큰 길로 방금 막 혼인을 한 신랑신부를 태운 자동차 한 대가 호기롭게 지나가는데 어떤 여자가 돌연히 나타나 두 팔을 벌리고 그 앞을 막은 후 신랑을 차에서 끌어내리고 싸움을 하여 일대 소동이 벌어졌다. 기사에 따르면 신랑은 평양의 한 학교에서 교원으로 지내다가 도쿄에서 유학을 하여 와세다대학 정치경제과를 마친 후 현재는 경성부 관리로 재직하고 있는 윤화정, 신부는 김연득이라는 여성이었다. 두 사람은 4년 전 평양에서 유학할 때 서로 알게 되어 김연득은 다시 경성으로 올라가 세브란스병원 간호부과를 마치고 집에 내려와 있는 상태였다. 그런데 윤화정은 본처 김화순과 열한 살에 부부가 되었으나 화목한 가정을 이루지 못하였다. 두 사람 사이에는 세 명의 딸이 있으며 본처 김화순은 구차한 살림에 늙은 시부모를 지성으로 받들고 있으나 남편 윤화정은 그를 돌아보지 않고 김연득과 새로 결혼을 한 것이었다.

　자동차 앞을 막은 여인은 바로 본처 김화순이었다. 생활이 어려워 생계를 유지하기 위해 장사를 하러 들렀던 곳에서 공교롭게도 자신의 남편이 다른 여자와 결혼을 해서 자동차를 타고 신혼여행을 떠난다는 것을 듣게 되어 길에서 기다리고 있다가 이렇게 자동차 앞을 막아선 것이었다. 신부 김연득은 윤화정이 본처와 딸자식이 있는 줄 알고 있었으나 이혼하였다 하여 결혼한 것이라고 말했다. 그러나 김화순은 결단코 이혼을 한 사실이 없다고 하며 이십여 년이나 같이 살아오던 남편을 빼앗기자 매우 원통하여 자동차 앞을 막아섰다고 밝혔다.

이보다 더 살풍경한 사례도 있었다. 본부인과 그의 어머니가 신혼여행을 떠나는 남편 차에 깔려 죽겠다고 나선 것이었다. 1927년 3월 1일 오후 두 시 함남 홍원읍에서 열린 혼인잔치에 이십 세 가량 되는 젊은 여자와 오십이 넘은 늙은 여자가 머리카락을 풀어헤치고 나타났다. 둘은 눈물을 흘리며 이제 막 녹기 시작한 진 땅에 다리를 뻗고 앉아 흑흑 흐느껴 울며 신혼여행을 떠나는 자동차에 깔려 죽겠다며 난리를 피웠다. 이 가운데 젊은 여자는 내원촌 박재빈의 딸로 4년 전 백태환과 결혼하였으나 어린 남편과 시부모의 냉정한 태도 때문에 일시 친정에 와 머무는 중이었다. 이때 남편 백태환은 경성에서 유학을 하였는데, 시집에서 오라고 하기를 기다리던 부인은 그 와중에 백씨가 다른 여자와 새로 결혼을 한다는 소식을 듣고 찾아와 여러 번 사정을 했다고 한다. 그럼에도 남편이 이를 듣지 않자 결국 신랑신부가 타고 떠나는 신혼여행 자동차에 깔려 죽겠다고 자신의 친정 어머니와 이렇게 나섰던 것이었다.

이동하는 밀실로서의 자동차 모빌리티의 특성은 근대적 연애관계를 기반으로 한 신식 결혼의 주인공들이 다른 사람들의 눈치를 보지 않고 신혼여행을 떠나는 과정에서 애정 행각을 나눌 수 있는 새로운 공간을 만들어 주었다. 이들에게 자동차는 둘만의 비밀스러운 공간을 제공해주는 신통한 모빌리티였고, 한편으로는 자유연애, 신식 결혼, 연미복과 같은 새 시대의 상징이었다. 또한 밀실은 그야말로 개별적인 공간으로, 외부와 내부를 구획해 바깥으로부터의 틈입을 허락하지 않는 것이었다. 밀실의 쾌적함과 안온함은 봉구가 머릿속으로 그렸듯 외부의 시선과 틈입이 차단된 단둘의 배타적인 공간이라는 점에 기인하는 것이었다. 그리고 이 밀실의 바깥에서 본부인들은 필사적으로 자동차 앞을 가로막거나 차바퀴에 깔려 죽겠다며 드러누울 수밖에 없었다.

5. 승객, 속도와 방향의 주인이 되다

피터 애디는 『모빌리티 이론』(2019)에서 "철도시간표는 모든 여행자들이 타고 내리는 시간을 창조하는 반면, 자동차는 다수 시간들의 가능성을 창조"한다고 분석한 바 있다. 이렇게 다수의 개별적인 시간의 가능성을 칭조히는 자동차 모빌리티의 특성은 이용자에게 다양한 편의를 제공했다. 앞서 「재생」의 봉구가 순영을 위해 자동차를 대절하려고 마음을 먹는 장면에서는 사적인 공간을 제공하는 것 외에도 자동차의 편의성이 잘 드러난다. 「재생」에서 자동차의 편의성은 기차나 전차와 비교되는데, 우선 자동차는 전차와 달리 사람을 기다리게 하지 않는다.

1920년대로 접어들면서 전차 노선도 확대되었으나 이용객들도 상당히 많아짐에 따라 주요 정거장에는 어느 시간이든 사오십

명 내지 백여 명의 승객이 기다리고 있었다. 이렇게 승객이 한꺼번에 몰려 정거장에서 기다리고 있어도 전차를 이용하지 못하고 다음 전차를 기다려야 하는 경우도 있었다고 한다. 즉 전차를 이용하기 위해서는 여러 사람과 같은 장소에서 전차가 오기를 기다려야 했던 것이다. 이렇듯 도착하는 시간을 기다려 다른 사람들과 함께 탑승해야 한다는 측면에서 전차의 모빌리티는 기차와 흡사하다.

기차의 모빌리티에 대한 기존의 연구에서 자주 지적되었듯 기차는 시간을 단축하고 공간 경계를 극복함으로써 식민지 조선에 새로운 근대적 일상성을 도입함과 동시에 조선에 일본을 기준으로 한 표준시가 적용되는 데 결정적인 역할을 하였다. 또한 이 표준시의 도입으로 인해 사람들은 비로소 같은 시간을 공유할 수 있게 되었다. 베네딕트 앤더슨은 『상상의 공동체』(2002)에서 상상의 공동체를 구성하는 데 있어서 소설과 신문 등 인쇄 매체의 역할을 강조한 바 있다. 근대적 자본주의 국가가 성립하기 위해서는 민족이라는 공동체에 대한 상상의 공유와 유포가 필수적이었으며, 여기에 인쇄 매체의 역할이 지대했다는 것이다. 그에 따르면 사회적 유기체가 동질적이고 공허한 시간을 통해 달력의 시간에 맞추어 함께 움직인다고 생각하는 방식은 역사를 따라 앞으로 꾸준히 움직이는 견실한 공동체로서의 민족을 사유하는 것에 대응된다. 사람들은 이제 인쇄 매체를 통해 다른 사람들과 같은 시간을 살고 있다고 생각하고 같은 시간을 공유하는 공동체, 즉 민족과 국가를 상상한다. 인쇄 매체가 달력상의 시간 즉 1년, 1달, 1주,

하루에 대한 동시성의 감각을 제공했다면, 기차나 전차의 모빌리티는 여기에서 더 나아가 시계상의 24시간에 대한 동시성의 감각을 제공했다고 할 수 있을 것이다. 정해진 시간에 기차와 전차를 여러 사람과 함께 기다리고 다같이 승차하는 행위를 통해 사람들은 동시적인 근대의 시간을 공유하게 된다. 그리고 이렇게 시간에 맞추어 움직이는 것은 행위의 언어적 형식 없이도 연대와 소속의 감각을 신체에 새기게 된다.

　이에 반해 자동차는 매우 변덕스러운 사적인 요구에 대응하는 모빌리티이다. 자동차를 이용하면 자신이 원하는 시간에, 원하는 장소에서 원하는 장소로 이동할 수 있다. 철도 같은 융통성 없는 시스템에 의존하지 않고도 말이다. 애초에 「재생」의 순영과 봉구가 시간에 쫓기어 자동차를 대절하게 된 것 역시 순영이 음악회가 끝나고 만나기로 한 봉구와의 약속에 30분 이상 늦게 나왔기 때문이다. 정해진 시간을 지키지 않으면 탈 수 없는 기차와 달리 돈만 지불할 수 있다면 자동차는 원하는 시간에 이용하는 것이 가능했다. 그리고 어디로 갈 것인지 역시 전적으로 승객의 선택에 달렸다.

　1925년 방인근은 자동차 운전수의 고달픈 삶을 다룬 소설 「자동차 운전수」를 발표하였다. 방인근은 당시 문예잡지 『조선문단』의 편집을 맡아 이 잡지에 자신이 쓴 소설을 여러 편 실었는데, 그중 「자동차 운전수」는 그 시절 드물게 자동차 운전수라는 직업을 가진 인물을 주인공으로 설정한 작품이다. 이 소설을 읽어보면 당시 운전수가 받는 월급이나 그들의 차림새 등에 대해 비교적 소상한 정보를 얻을 수 있다.

> 나는 옆에 대령하고 섰다가 호화로운 그네들이 다 탄 뒤에 문을 닫아 주고 홀로 적적한 운전대에 동그마니 올라 앉을 때 나는 새삼스럽게 맘이 좋지 못하였다.
> 어디로 가렵니까 나는 뒤도 돌아보지 않고 물었다. 한 사나이가 입안에 말로 잠꼬대하는 것처럼 영도사로 하는 분부가 내린다.
> 아니오 한강을 돌아서 가요 하는 때꼰때꼰한 잠이 깰 듯한 여자의 반대가 나온다.
> 나는 어느 분부를 들어야 옳을지를 몰라
> 그럼 어떻게 하렵니까 하고 쐐기를 질렀다. 이번에는 속이 좀 상했다는 듯한 톡 쏘는 여자의 목소리로
> 글쎄 내 말만 들어요 어서 가요 하는 것이 뒷덜미서 울린다.
>
> ─방인근, 「자동차 운전수」

소설에는 위의 장면처럼 자동차에 올라타 어디로 갈지 실랑이를 벌이는 승객 때문에 운전수가 난처해하는 상황이 나온다. 정해진 시간과 선로가 없기 때문에 이렇게 목적지를 승차 중에 변경 가능해진 것 역시 자동차 모빌리티의 한 특질이다. 개개인의 변덕스러운 필요와 욕망, 다양한 상황에 유연하게 대응 가능한 자동차 모빌리티의 특성에 대해 존 어리는 『모빌리티』(2022)에서 "시계시간에서 순간시간으로의 전환, 시공간 경로의 탈동기화"라는 개념

으로 설명하였다. 철도가 그 자체의 시간표에 개인의 상황과 욕망을 억지로 끼워넣는 방식이라면 자동차는 개인화된 주관적 시간성을 제공한다는 것이다.

「무정」에서 형식은 한시가 급한 상황에서 전차를 타지 못해, 그리고 전차에 올라서도 전차가 좀처럼 속도를 내지 않아 조급함을 느껴야만 했다. 전차와 기차의 시간과 속도에 개인의 사정이나 욕망이 반영될 여지는 없으므로 형식은 자신의 욕망을 억누른 채 전차의 시간과 속도에 맞추어야만 했다. 이에 따라 기차나 전차를 타는 사람들은 시스템의 동질적인 시간에 적응하게 되었다. 기차가 속도의 경험을 균질적인 것으로 만들었던 것과 대조적으로 자동차의 속도와 시간성은 매우 개별적이었는데, 자동차를 대절할 돈이 있다면 이제는 남들과 같이 시간을 맞추지 않아도 되며 자동차의 속도 역시 개인의 필요에 따라 조절될 수 있는 것이었다.

> 어느덧 북적북적히는 야시터로 다 지나고 아마 배오개도 지나 온 모양인지 침침한 길로 자동차는 전속력을 내어 달아난다. 순영은 그래도 자동차의 속력이 맘에 차지 아니한다는 모양으로 허리를 굽혀 손가락으로 운전수의 어깨를 꾹 찌르며. 『못도 하야꾸. 이소구까라(좀 더 빨리 가요. 바쁘니). 한다. 그 어조가 항상 자동차를 타서 자동차의 속력이 얼마나 하면 느리고 빠른 것을 잘 아는 귀부인의 어조와 같다. 운전수는 잠깐 고개를 돌이고는 들릴락말락.

『하이 (네).』
하고는 기운차게 뿡뿡하고 사람 치라는 소리를 지른다.

—이광수, 「재생」

위에서 인용한 부분에서 드러나듯 「재생」의 순영은 자동차에 올라 "못도 하야꾸, 이소구까라(좀더 빨리 가요, 바쁘니)"라며 운전수를 독촉하였다. 순영은 기차 시간에 늦지 않기 위해 운전수에게 속도를 재촉하였던 것이다. 물론 이 장면에서 순영과 봉구는 기차 시간에 맞추어 가기 위하여 자동차를 대절한 것이기는 하지만, 봉구가 돈이 더 있었다면 백윤희처럼 목적지 바로 앞까지 자동차를 몰고 가는 것 역시 가능했을 터이다.

기차 안의 승객들은 공간뿐 아니라 시간을 공유해야 했다. 그러나 자동차의 승객들은 자신의 편의대로 자동차의 속도를 조절할 수 있었다. 이렇듯 개인의 변덕스러운 필요와 욕망에 유연하게 대응하는 자동차의 속도와 시간성은 기차에 의해 구축된 근대의 동시성을 다시 세밀하게 분화하는 역할을 하게 된다. 그리고 사적인 필요와 욕망에 대응하는 자동차의 모빌리티에 의해 다시 더욱 세밀하게 분화된 사적인 필요와 욕망이 발생하게 되었다.

IV.

자동차의 운전석,
자동차 안의 바깥

1. 운전수의 자격, 운전 실력은 물론 인격과 일본어까지

「재생」에서 봉구는 순영과 "단둘이" 자동차를 타고 달릴 상상으로 기뻐하며 자동차를 대절하러 간다. 그러나 실제로 봉구가 순영과 단둘이 자동차를 타고 달리는 것은 불가능하다. 봉구에게는 자동차 면허가 없었으며, 이 시기 자동차에는 운전수가 존재했기 때문이다. 1910년대부터 자동차를 운전하기 위해서는 별도의 면허가 요구되었다. 면허를 취득하려면 실기와 필기 시험에 모두 합격해야 했다. 1923년의 『전국자동차소유자명부』를 참조하면 당시 자가용을 소유할 수 있는 계층은 여전히 황실이나 총독부 혹은 외국인 등 소수였고, 장안을 누비는 자동차 중 큰 비중을 차지하는 것은 영업용이었다. 그리고 1920년대 중반 이래 영업용 자동차의 비중은 더욱 늘어났다. 영업용 자동차는 자동차회사의 소유였는데, 이렇게 본다면 당시 대부분의 자동차에서 소유주, 승객, 운전자는 각기 다른 사람들이었던 셈이다. 또한 개인용 자가용의 경우에도 소유주와 운전자가 일치하는 경우는 거의 없었다. 소유주는 직접 면허를 취득하여 운전을 하는 대신, 운전자를 고용하고 자신은 뒷좌석에 탑승하였다.

총독부에서는 자가용이든 영업용이든 전문적인 자격을 갖춘 운전수가 자동차 운전을 담당하도록 규정하고 있었다. 1915년 총독부에서는 자동차취체규칙을 제정, 발표하였다. 이는 조선에서 시행된 최초의 자동차 관련 법규였는데, 여기에는 자동차의 구조,

장치와 검사에 관한 사항, 면허시험과 취업, 통행할 수 있는 도로와 통행속도, 통행의 금지와 제한, 영업허가와 사업방법 및 준수사항 등이 포함되었다.

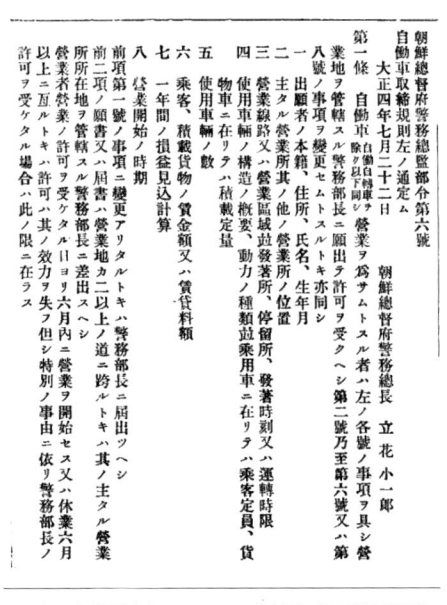

그림 30 | 총독부관보(1915.7.22.)에 실린 자동차취체규칙

자동차취체규칙에는 자동차 면허에 대한 내용 역시 비교적 상세하게 규제되어 있다. 여기에는 자동차의 운전수는 각 도에서 시행하는 운전면허 시험에 합격하여 면허증을 받아야만 그 자격을 인정받을 수 있었으며 운전수는 면허증을 필수적으로 소지하여야 한다는 조항이 포함되어 있었다. 이 자동차취체규칙은 이후

1921년 들어 기존의 규칙이 운전도로, 속도, 기타 차량의 구조에 관한 제한이 지나치게 엄격하여 현실적으로 맞지 않는 부분과 규정사항 중 불비한 점이 있다는 이유로 일부 개정되었다.

운전면허 시험은 1922년 11월 7일 조선총독부 훈령 61호 〈자동차운전수시험시행심득(自動車運轉手試驗施行心得)〉을 통해 더 구체적으로 관리되었다. 이전까지 기술시험만 시행한 면허시험에 필기시험을 추가하고 필기시험과 구술시험, 도로주행시험의 기준을 설정하였으며 합격 및 불합격 기준과 재시험에 관한 사항도 포함하였다.

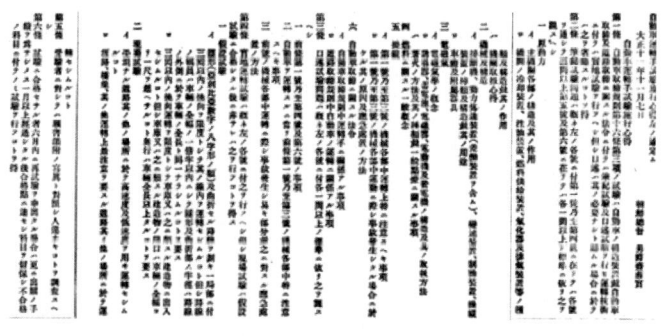

그림 31 | 1922년 선포된 〈자동차운전수시험시행심득(自動車運轉手試驗施行心得)〉

자동차가 본격적으로 도입되기 시작하면서 운전면허 시험은 매우 까다로워졌다. 특히 종래의 운전수 시험이 운전 기술을 중점으로 이루어졌던 것과 달리 학술시험이 강화되었을 뿐 아니라,

자동차 관련 지식을 일본어로 작성하여 제출하여야 했다. 이렇게 운전수 시험 규칙이 개정되면서 자동차 운전수는 운전 기술 외에 학식과 인격을 비롯 자동차 기계에 관한 지식을 일본어로 서술할 수 있는 정도의 일본어 능력을 갖추어야 했다. 당시 합격자는 응시자의 반의 반에서 절반 사이로 운전면허 시험의 합격률은 높지 않았다. 〈자동차운전수시험시행심득〉 시행 한 달 후의 『동아일보』 기사에 따르면 시험에 응시한 조선인 35명 가운데 5명만이 합격하는 경우도 있었다고 한다. 특히 규칙이 개정되었던 1922년 12월 운전면허 시험에서 조선인들이 대거 탈락하는 불상사가 발생하기도 하였다. 조선인은 35명 가운데 30명이 떨어진 반면 일본인은 5명 중 2명이 합격되자 일본어를 못하면 운전수도 못한다는 볼멘소리가 나오게 되었다. 또한 이러한 운전면허 시험 규정에 대해서는 당시에도 일본인을 우대하여 조선인을 배제하려고 하는 수작이 아닌가 하는 비판이 적지 않게 나왔다고 한다.

실제로 자동차 운전을 공부하려면 일본어 어학 능력이 필수적이었다. 관련 서적은 대부분 일본어였고 조선어로 된 책은 거의 없었기 때문이다. 다음의 왼쪽 사진은 1920년 일본에서 출판되었던 자동차운전법에 대한 책이다. 이 책은 총 자동차 전반에 대한 이해, 자동차 구조에 대한 이해, 운전법 이렇게 3개의 장으로 나뉘어 있다. 주로 자동차 공학, 점화 장치 및 주유 장치의 구조 등 자동차 전반에 대한 지식을 제공하는 데 많은 분량을 할애하고 있는데, 면허 취득 과정에서 이러한 지식을 요구했기 때문으로 보인다.

그림 32 | 1920년 일본에서 발간된 『自動車運轉法』

그림 33 | 신문에 실린 자동차강습소 광고. 동경자동차학교에서 경성과 부산에 분교를 개설한다는 소식을 전하고 있다.

　이 외에도 이 시기 일본 내에서는 자동차 면허 취득을 대비한 수험 서적이 상당히 많이 출판되었고, 이는 다시 조선으로 수입되었다. 1920년대 후반에는 『자동차운전수 수험준비와 모범해답집(自動車運轉手受驗準と備模範解答集)』 등과 같은 일종의 기출문제집이 다수 출판되었다.

　물론 일본어 능력을 갖추었다고 하더라도 당연히 독학으로 서적만 연구하여 면허를 취득하기란 쉽지 않았다. 이 때문에 상단 오른쪽 광고를 통해 알 수 있듯 운전면허를 취득하기 위한 강습소가 속속 개설되었으며, 운전수를 희망하는 학생들은 돈을 내고 강습소에 등록하였다. 1920년 신문에 실린 광고에 따르면 동경자동차학교에서는 경성과 부산에 각각 분교를 설치하여 자동차 운전을 가르쳤다. 운전강습 과정은 주야간 1개월 과정과 주간 2개월 과정으로 나뉘며, 강습료는 동일하게 132원이었다. 앞서 언급했던 방인근의 「자동차 운전수」의 주인공 역시 자동차 운전수가 되기 위해 먼저 자동차운전강습소에 등록한다.

> 나중에는 싫증이 나고 서울이 불현듯 가고 싶어 그동안 저금하였던 돈 이백십 원과 오막살이 세간들을 판 돈 백여 원과 도합 삼백 오십여 원을 뭉뚱그려 가지고 아내와 같이 서울로 뛰어 올라나왔다. 와서 당주동에 셋방을 하나 얻어 들어 살림을 시작하였다. 그러고 그 삼백여 원 돈으로 무엇을 할까 하고 밤낮 뒹굴며 궁리를 하였다. 그러나 공부는 할 수 없고 그 밑천으로 장사하기도 만만치 않고, 생각다 못해 자동차 운전강습소에 들어갔다.
>
> —방인근, 「자동차 운전수」

주인공은 살던 고향에서 면서기를 하다가 세간을 처분하고 상경을 한다. 그리고 앞으로 무엇으로 생계를 유지할까 고민하다가 그가 선택한 것이 바로 자동차 운전수였다. 그가 세간을 처분한 재산은 삼백 원 남짓이었는데 이것으로는 장사 밑천도 못 된다고 판단했기 때문이다. 이 무렵 자동차강습소 등록비가 백삼십 원이 넘었으니, 주인공은 자동차 운전수가 되기 위해 자신이 가진 재산의 절반 가까이를 쓴 셈이다.

이처럼 자동차의 보급과 함께 자동차강습소도 점차 늘어났다. 1928년 경성에서 영업하는 운전강습소는 조선자동차강습소, 자동차운전수실습소, 동양자동차강습소, 조선자동차강습소, 명치자동차학원 등 5개소로 늘어났으며, 경성제일자동차연구소와 한양자동차강습소 등이 허가를 신청하여 두 군데가 추가되었다. 이 가운데 동양자동차강습소를 제외하면 모두 일본인이 경영하는 곳이었다. 이렇게 강습소가 갑자기 늘어나면서 여러 문제가 제기되었다. 취업난에 시달리는 청년들을 겨냥한 강습소 사기 사건이 발생하기도 하였다. 1929년 『매일신보』 기사에 의하면 한양자동차연구소 경영자 조봉호가 강습소 학생 6명에게 고소를 당하였다. 조봉호는 한양자동차연구소를 경영한다고 학생들을 속여 입학금과 수업료 명목으로 백 원 남짓의 돈을 받아 챙겼으나 그 자동차연구소라는 것은 실상 자동차 한 대도 부유하고 있지 않은 유명무실한 것이었다. 이에 청년들이 사기로 그를 고소하였던 것이다. 그리고 정식 강습소라고 하더라도 제대로 된 교육을 제공하지 않는 경우도 많았다. 앞서 광고에서 살펴본 바와 같이 대부분의 강습소의 강습 기간은 두 달 남짓이고 등록금은 백 원 가량이었다. 그런데 이렇게 상당한 금액을 강습료로 받고도 변변한 교육이 이루어지지 않아 강습소의 학생들 사이에 불만이 높았다고 한다. 강습소에서 가르치는 내용도 형편없는 데다가 체계가 제대로 잡혀 있지 않으며 제대로 작동되지 않는 고장난 차를 이용해 실습하여 실제로 면허를 취득하는 데 도움이 안 되는 경우가 많았다. 그러다 보니 두 달의 강습을 받고도 1,2년이 지나서야 겨우 운전면허를 취득하는 학생이 적지 않았다고 한다. 이처럼 자동차 운전수가 되기 위해서는 상당한 시간과 함께 자본이 필요했다. 당시 조선에서 돈벌이가 되는 몇 안 되는 직업이었던 자동차 운전수가 되는 길은 결코 녹록하지 않았던 것이다.

2. 고소득 하이칼라 직업의 이면

앞서 제시한 운전면허 취득 과정 및 시험 내용을 감안하면 1920년대의 자동차 운전수는 자동차 운전 기술과 지식은 물론 일본어 능력까지 갖춘 전문적인 인력이었다는 것을 알 수 있다. 최신의 기술과 지식을 갖춘 자동차 운전수는 종종 "하이칼라 직업"으로 불렸다. 또한 『경성일보(京城日報)』에 실린 운전수의 회고에 따르면 운전수란 풍성한 로맨스를 지닌 직업으로, 추운 날씨에 밖에서 떨 일도 없고 운전석에서 핸들을 잡고 운행하는 모습이 보기 좋은 멋진 직업이라는 이미지가 있었다고 한다. 자동차 운전수에 대한 경제적 대우 역시 나쁘지 않았다. 방인근의 「자동차 운전수」에서 주인공이 받은 월급은 60원이었는데, 실제로도 1920년대 운전수들은 평균적으로 월급으로 50~60원을 받았다고 한다. 이는 고등 관리들의 월급이 당시 30~40원이었던 것을 감안하면 상당히 높은 수준이었다.

그림 34 | 1930년 신문에 실린 자동차학교 광고, 연수 삼천 원 이상이라는 문구가 강조되어 있다.

높은 수입과 하이칼라라는 이미지로 인해 운전수는 당시 인기가 많은 직업이었다. 특히 1920년대 후반 취업난이 극심해지면서 자동차 운전면허를 취득하려는 이들이 급증했다. 1929년 신문 기사에 따르면 경기도 경찰부에서 시행한 자동차 운전수 시험에 무려 1,896명이 지원하였다고 한다. 합격률은 20%가 채 되지 않는 337명에 불과했다. 식민지에서 가질 수 있는 여타 직업에 비해 상대적으로 벌이가 좋은 운전수가 되기 위해서는 많은 비용을 치르고 여러 능력을 갖추어야 했으며, 그 경쟁 역시 치열했던 것이다.

운전면허에 도전하는 사람이 늘어나고 경쟁이 과열되면서 상당한 시간과 비용을 들여 면허를 따도 취업이 안 되는 경우가 발생하기 시작했다. 1922년 〈자동차운전수시험시행심득(自動車運轉手試驗施行心得)〉이 발표된 이래 거의 격월로 면허 시험이 실시되어 1923년 기준 경기도만 하더라도 운전면허 취득자가 600여 명이 넘었다고 한다. 그러나 이 중에서 운전수로 취업한 것은 200명이 채 되지 않자 총독부에서는 한시적으로 4월, 10월 두 차례만 면허 시험을 시행하는 것으로 면허 시험 횟수를 대폭 줄이기까지 하였다. 이후 1928년 한 기사에 따르면 자동차 면허 보유자가 자동차 수의 2배를 넘어, 겨우 면허를 취득한 이들도 채용이 안 되는 경우가 늘어났다고 한다.

그리고 과도한 노동 및 열악한 대우 문제로 운전수 파업이 발생하는 경우도 적지 않았다. 1925년 대구에서는 한문양행자동차부(韓文洋行自動車部)의 운전수 일동이 동맹파업을 하는 사건이 발생했다. 당시 한문양행자동차부는 비교적 규모가 큰 회사였는데, 운전수를 무리하게 압박하여 노동을 강요하고 견마(犬馬)와 같이 대우하여 이에 분개한 운전수들이 들고 일어섰던 것이다. 이들의 요구사항은 1. 대우 개선의 건, 2. 초급을 사십 원 이상으로 할 일, 3. 서약서는 폐지할 일, 4. 퇴직할 시는 위로금을 줄 일, 5. 시간 외에는 노동을 시키지 말 일 등 다섯 가지였다. 그러나 이들의 요구는 제대로 받아들여지지 않았으며 파업에 동참했던 운전수 가운데 3인이 해고되었다.

1935년 『동아일보』의 사설에서 필자는 택시 운전수의 과로를 지적하고 이들에 대한 대우 개선의 필요성을 역설했다. 이 글에 따르면 연일 증가하는 교통사고의 주요 원인 중 하나는 운전수의 과로였다. 기사에서는 택시 운전수들이 하루 열여섯 시간 내지 스무 시간 근무를 하고 있다고 밝혔다. 택시 운전수들은 교대 없이 주야로 운전을 계속하게 되므로 이러한 문제가 지속되고 있다는 것이다. 노동 시간의 과중은 수면 부족으로 이어지고, 이에 따라 사고가 빈발하게 되었다. 실제로 1935년 경기도 경찰부 보안과의 조사에 따르면 교통사고의 주요 원인 중 하나가 운전수의 과로에 의한 졸음 운전이었다. 1920년대 후반 영업용 자동차가 급증에 따른 택시 회사의 경쟁적인 운임 인하는 운전수들의 과도한 노동의 원인이 되었던 것이다.

　자동차강습소 광고에서 내세우는 월 수입 역시 과장된 부분이 많았다. 게다가 운전수의 임금에서도 역시 일본인과 조선인 사이의 차별이 존재했다. 1924년 기준 경성 시내의 일본인 운전수가 151명, 조선인 운전수가 230명이었는데 조선인 운전수들의 하루 수입은 일본인 운전수의 약 60% 정도였다. 자동차강습과 견습에 투입되는 비용과 시간을 고려한다면, 이들의 노동 조건이 좋았다고 보기만은 어려울 것이다.

　또한 운전수가 되기 전에는 견습생 과정을 거쳐야 했다. 영업용 자동차에는 운전수 외에도 조수가 동반하는 경우가 많았다. 자동차의 조수는 아직 면허를 취득하기 전인 경우가 많았는데 이들은 자동차회사에 속한 일종의 운전수 견습생 신분이었다. 이들은 운전수가 되기 위한 현장 실습 목적으로 조수 노릇을 하는 경우가 대부분이었으며 거의 무보수에 가까웠다고 한다. 조수가 하는 일은 출발 전 휘발유의 양을 점검하고 차 안을 청소하는 것과 같은 잡무였다. 그 외에도 자동차영업소에서 대기하고 있다가 영업을 나간 자동차에 문제가 생기면 이를 수리하는 것 역시 견습생의 몫이었다.

그림 35 | 자동차를 수리하는 견습생의 모습

1928년 『경성일보(京城日報)』에 실린 한 운전수의 회고에 따르면 처음 견습생으로 들어가면 차체에 손을 대는 것조차 허용되지 않았다. 이들은 차고 청소를 한 후 일주일이 지나서야 겨우 차내를 청소할 수 있었다. 조수와 운전수는 마치 군인과 같은 철저한 상하관계로, 조수는 운전수에게 절대 복종해야 하는 처지였으며 운전수가 조수에게 폭력을 가하는 경우도 왕왕 있었다고 한다. 이렇게 지난한 과정을 거쳐 어쩌다 한번씩 운전 실습을 할 때도 번화가를 달리거나 승객을 태우고 달릴 수는 없었으며 늦은 밤 인적이 드문 광장 같은 곳에서 잠깐 차를 몰아보는 것이 고작이었다. 면허를 취득하지 않은 조수가 운전을 하는 것은 원칙적으로 위법이었기 때문이다.

잡지 『별건곤』에는 "변장출동 임시 ○○되어본 기(記)"이라 하여 기자가 점쟁이 등 각종 직업군에 잠입하여 취재한 후기가 연재되었다. 그중 하나가 기자가 자동차 조수를 체험한 소감을 쓴 것이었다. "새벽에도 기생 모시고 자동차 운전 조수가 되어"라는 이 기사에서 기자는 나흘간 운전수 조수를 체험한 감상을 다음과 같이 서술하였다.

끝으로 한마디 부언할 것은 자동차 운전 조수란 대체로 운전수가 되기까지는 몹시 괴로운 직업이다.

자동차부에 따라서 각각 다르겠지만 운전수가 되기까지 밥은 그 곳에서 얻어 먹을 수 있으나 보수는 별로히 없는 모양이다. 그리고 제일 이 영업이란 일정하게 시간을 정해놓고 하는 영업이 아닌 관계로 여름 같은 때는 밤은 고사하고 낮에도 잠 한잠 못 자고 꼴딱 밝히게 된다. 그리고 발착(發着)할 때마다 물

(水)과 휘발유의 분량을 맞추어 넣어야 하고 또 시시(時時)로 소제를 하여야 하며 추운 겨울 같은 때는 여름같이 주야로 일은 없어도 간혹 심야에 먼 곳으로 운전수와 같이 손님을 태우러 갔다가 만일 손님이 많든지 하면 아모리 깊은 밤중이거나 아무리 먼 곳이거나 조수만은 따로 떨어져서 크게 고통될 적이 많다. 그나마 전차라도 있는 곳이면 덜하겠지만 전차도 없는 곳이든지 또 전차가 있다 하더라도 밤이 너무 깊어서 전차가 끊어졌을 때는 여간 큰 고통이 아니다.

어쩌다가 운전수를 따라가지 않았더라도 그 차가 먼 곳에 나갔다가 바퀴가 터진다든지 또는 기체가 파손되든지 하야 통지를 받으면 아무리 추운 날이라도 자전거를 타고 그 곳을 쫓아가 차디찬 눈구덩이 속에서 차를 수선해야 하는 것이다. 그보다도 혹 경우에 (불행히 전복된 때) 분골쇄신이 되는 때도 있고 혹은 실수가 되야 인축을 상해(傷害)하고 징역(懲役)하는 때도 있으니 어쨌든 끔찍한 직업이다.(전 책임은 운전수에게 있지만) 조수가 이렇게 쓰리고 괴로운 직업이면서도 그 반면에 다소 유쾌하다든지 기쁨을 느끼는 것은 자동차 운전하는 법을 차차 배우게 되고 또 기계 속을 한 가지 한 가지씩 알아서 병난 차를 가끔 완전하게 고치기도 하고 또 운전수와 같이 먼 곳에 나갔다가 들어오는 길에 잠깐이라도 내 손으로 직접 운전을 해 보는 때이다.

―「변장출동 임시 OO되어본 기(記), 새벽에도 기생 모시고 자동차 운전 조수가 되어」, 『별건곤』 제9호, 1927.10.

기자는 인터뷰와 자신의 체험을 활용하여 조수의 일상을 소상하게 밝혔다. 기자의 표현대로 자동차 조수는 운전수가 되기까지는 몹시 괴롭고 고달픈 직업이었다. 보수는 없다시피 하지만, 주어진 잡무는 끝이 없었고 회사 내에서 제대로 대우를 받기도 어려웠기 때문이다. 그러다보니 1929년 양산에서는 자동차 조수들이 파업을 일으키기도 했다. 이들은 2년이나 조수로 근무하였으나 아무런 보수를 받지 못했으며 대우가 너무 가혹하여 파업을 일으켰다며 파업의 변을 밝혔다. 파업에 참여한 조수들은 대우 개선, 보수 지급, 시운전 허용, 면허증 취득 이후 적정 보수 지급 등 네 가지조건을 내세우며 강경하게 파업에 돌입하였다.

또 다른 문제는 간혹 승객의 수가 많아 조수석까지 승객을 태워야 하는 경우였다. 앞서 자동차 조수 체험을 하기 위해 잠입했던 『별건곤』 기자 역시 취재 기간 동안 여러 번 손님이 많아 도중에 내려야 했다. 이 경우 조수는 내려서 알아서 자동차회사로 돌아와야 했는데 전차가 다니는 시간이라면 그나마 다행이나 밤이 깊었거나 전차가 다니지 않는 곳에 있는 상황이라면 여간 곤란한 것이 아니었다고 한다. 그 외에도 조수는 자동차 출장 수리 기사의 역할도 떠맡아야 했다. 자동차회사에서 대기하고 있다가 운행을 나간 자동차의 바퀴가 터졌거나 차체에 문제가 생겼다는 연락이 오면 해당 자동차가 있는 곳까지 자전거를 타고 가 수리하는 것 역시 조수들의 몫이었기 때문이다.

이처럼 고된 과정을 거쳐 자동차에 대해 배우고 운전하는 방법을 실습하여야 겨우 운전수가 될 수 있었다. 알려진 것에 비해 처우가 열악하고, 운전수가 되기까지 지난한 과정을 요구했음에도 불구하고 여전히 운전수는 조선인들이 선택할 수 있었던 몇 안 되는 양질의 일자리였다. 식민지 조선에서 자동차 운전수는 조선인이 그나마 입신할 수 있는 드물고도 좁은 문이었기 때문이다.

3. 여성 택시 운전수의 애환

당연하게도 이 당시 운전면허 취득을 위해 강습소에 등록하는 것은 대부분 남성들이었다. 그러나 드물게 운전수에 도전하는 여성들도 있었다. 1919년 『매일신보』에서 여성으로서 자동차 운전 강습소에 최초로 등록한 최인선이라는 인물을 소개하였다. 기사에서는 최인선을 "여자계의 신기록"이라고 표현하고 있다. 세계 대전 이후 전반적인 분위기와 다이쇼 데모크라시 및 일본 여성운동의 영향, 3.1운동 이후의 국내 분위기 속에서 여성의 사회진출도 점점 늘어가고 있었다. 이러한 흐름에 따라 여성들이 도전하는 직업 영역도 확장되었다. 기사에 의하면 1919년 당시 도쿄, 오사카 등 일본에는 이미 여성 운전자가 존재했다고 한다. 기자는 최인선의 강습소 등록을 매우 고무적인 현상이라 평가하였다. 그리고 당국에서는 여성으로서는 처음 있는 일이니 충분히 교육을 받도록 하라고 강습소에 주의를 내려 대부분의 강습생들이 강습 한 달, 실습 한 달 교육을 받은 후 졸업하는데, 최인선만은 한 달 더 추가 교육을 받기로 하였다고 전한다.

그림 36 | 자동차강습소 최초의 여성 등록생 최인선

최인선을 필두로 문수산, 이경화 등 여러 명이 면허를 취득하기 위해 강습소에서 연구와 실습에 매진하였다. 1920년대 후반이 되면서 여성들이 더욱 적극적으로 운전면허 취득에 도전하기 시작했다. 한 지역에서 면허 취득 시험에 지원한 여성 6명 가운데 5명이 합격했다고 하니, 그 수가 적기는 하지만 20~30%에 달하는 남성 수험생의 합격률에 비해 여성의 합격률은 상당히 높았던 셈이다. 참고로 조선에서 최초로 여성 운전수가 탄생했던 것은

1920년이었다. 호남자동차 상회 부설 운전강습소에서 강습을 받은 황모라고 하는 여성이 운전수 인가시험에 단번에 합격했는데 그가 조선에서는 최초의 여성 운전수라고 한다.

1920년을 전후하여 자동차가 늘어나면서 운전수의 수요 역시 증가하였고, 전문적인 직업으로서 자동차 운전수에 도전하는 여성들도 하나둘 늘어나게 되었다. 그러나 이렇게 운전을 배우고 면허를 취득했다고 하더라도 이들이 자신의 능력을 생계에 활용하기는 쉽지 않았다. 운전을 배우다 중도에 그만두거나 면허를 취득하고도 결혼 후 이를 활용하지 않는 것이 대부분이었다고 한다. 특히 대부분 남성인, 불특정 승객에게 노출되어야 하는 영업용 자동차 운전수로 여성이 활약하는 것이 쉽지 않았던 것이다.

1926년 『조선일보』에서는 조선의 직업 여성들을 소개하고 그 인터뷰를 실었다. 여기에는 각각 중국과 일본에서 비행사로 활약 중이던 권기옥, 박경원과 함께 조선 내 유일한 여성 자동차 운전수 김부영이 포함되었다. 기사에 따르면 강습을 받거나 면허를 취득한 여성들은 있으나 당시 조선에서 직업적으로 자동차 운전수로 활동하고 있는 것은 김부영이 유일했다. 김부영은 강원도 춘천도청에서 육십 명이나 되는 남성 지원자들 사이에서 수석으로 시험에 합격하여 면허를 취득하고 운전수로 활약하였다. 그는 목포 출생으로 부모에 의해 강제로 결혼을 한 후, 남의 집 일을 보아준 돈으로 운전수 면허시험을 준비하였다. 강습 과정에서 남자 운전수에게 온갖 구박과 설움을 받으며 맹렬히 연습한 끝에 원서를 제출할 수 있었다고 한다. 『조선일보』에 실린 김부영의 인터뷰에 따르면 여성 지원자가 매우 드물었기 때문에 원서 제출 과정에서도 문제가 발생하여 응시 기일을 맞추지 못한 적도 있었다고 한다. 원적지에서 신원증명을 받아야 하는데 원적지에 신원 조회를 의뢰하니 그런 사람은 없다는 답변이 왔던 것이다. 경찰당국에서 으레 남성 지원자라 여기고 의뢰했던 탓이었다. 이 때문에 응시 자격을 상실할 뻔하다 겨우겨우 신원이 증명되어 수속을 하려 하니 이미 응시 기일이 지났던 것이다.

김부영 외에도 실제로 자동차 운전수로 활약하였던 여성으로 가장 유명한 인물은 이정옥이었다. 그는 경성여자고등보통학교 부속 사범학교를 우등으로 졸업하고 마산에서 교사 생활을 하다가 전직하여 산파로 일하던 중 면허 시험에 응시하였다. 이정옥이 면허를 취득했던 1928년 『중외일보』의 기사에 따르면 그는 좀 더 철저히 직업적 부인이 되겠다는 포부로 자동차 운전을 배우게 되었다고 한다. 1930년 『별건곤』에 이정옥의 인터뷰가 실렸는데 이를 통해 여성 운전수의 애환을 엿볼 수 있다. 여자 운전수로서의 고충을 묻는 기자의 질문에 이정옥은 여러 가지 괴로움을 토로하였다. 희롱을

그림 37 | 대양자동차회사의 사장이자 운전수 이정옥

할 목적으로 여자 운전수를 부르는 승객도 있으며, 조수를 내리게 하라거나 운전대에 자기가 앉겠다거나 추잡스럽게 희롱하는 승객들이 많다는 것이다. 기사에 따르면, 그의 한 달 수입은 자동차 운전수의 평균에 비해 상당히 많았는데 여자 운전수에 대한 호기심으로 이정옥의 차를 타려는 이가 적지 않았던 모양이다. 그는 자동차 운전수로서 상당히 오랜 기간 운전대를 잡았던 것으로 보인다. 1936년 『조선일보』에서는 색다른 직업여성으로 화신 백화점의 승강기 승무원과 자동차 운전수를 소개하였는데 여기에도 당시 대양자동차회사를 직접 경영하던 이정옥의 인터뷰가 실려 있다. 이 인터뷰에서 이정옥은 밤 늦은 시간에 취객을 태웠을 때의 고충을 토로하는 한편, 남자 운전수에게는 거스름돈을 꼭 받으려고 하는 승객도 자신에게는 자존심상 거스름돈을 받지 않는 경우가 많다는 점이 재미스럽다고 답했다. 인터뷰의 말미에서 그는 운전수는 여성이 택할 직업이 못되며, 기생과 같이 승객의 비위를 맞출 것을 요구받는 점이 어려워 전직을 준비하고 있다고 밝혔다.

이와 같은 여러 가지 현실적인 제약과 함께 사회 일반의 부정적 시선은 여성 운전수들의 걸림돌이 되었다. 이정옥 역시 조선에서는 부인들의 직업에 대한 이해가 적어서 운전수를 하고자 하는 여성들이 있다고 하더라도 얼마 가지 못하는 경우가 많다고 언급하였다. 1929년 『동아일보』에는 「여성의 직업과 남성의 직업」이라는 글이 실렸는데 이 글의 필자 성동생(城東生)은 여자에게 적당한 직업과 남자에게 적당한 직업이 각각 따로 있음을 역설하며 그 예로 자동차 운전수를 들었다.

    직업은 다 마찬가지인지라 살기 위하여 일하는 이상 어떠한 것인들 못할 리가 있겠느냐만은 사람이란 이름은 같지만은 남성과 여성의 구별이 있으며 같은 남성, 같은 여성이지만 그 남성 그 여성의 특수한 개인의 성격과 재질을 따라 그에게 마땅한 직업이 다 같지 않을 것이다. 필경 다 같은 직업이지만은 여자에게 적당한 직업과 남자에 대한 직업이 다 각각 있을 것이다. 부인은 생리상의 모든 원인으로 격렬한 노동을 감당치 못할 것은 더 말할 것도 없지만 세상에서는 왕왕히 어떠한 기분만으로 세상 일이 다 되는 것같이 생각하고 다만 어떠한 경우에든지 인심을 한번 놀래일 만한 것에 호기심을 두고 그런 것만을 찾는 여성도 없지 않다. 그러한 가운데에는 혹은 남자 이상의 성적을 얻는 일이 없는 바도 아니나 이것은 대단 희소한 일이오 대개는 실패하고 마는 것은 사실이 증명한다 그렇다고 직업적으로 한계를 분명히 나누어 이런 직업을 여자가 가져서는 안 된다는 시행하기 어려운 조건을 일일이 보이기는 어려우나 우선 자동차 운전수 같은 직업을 여성이 맡아서 성공할는지는 의문이다. 그러나 조선에서는 새로운 경향으로 자동차 운전수 같은 직업으로 입신하려는 것이 보이지만 이것은 여자 직업으로 선택을 잘한 것이라 하기는 어렵다. 다만 어떠한 기술로 자동차를 운전한다는 것은 별 문제이다. 호기심만이 직업의 선택을 좌우하여서는 안 된다. 여성의 여성에게 적당한 직업을 가리는 것이 현명한 처치라 하겠다. 남성의 직업권 안으로 자꾸 들어오는 것만이 여성의 영예가 되지 못한다.

—「여성의 직업과 남성의 직업」, 『동아일보』, 1929.3.1.

필자는 현 조선에서 자동차 운전수가 새로운 직업으로 떠오르고 있으나 이것이 여성에게 적당한 직업이 될 수는 없다고 주장한다. 그는 여성이 자동차 운전수에 도전하는 이유를 세상을 놀라게 할 호기심이나 허영심에서 찾았다. 이어 그는 남성의 직업권 안으로 들어오려는 것은 여성의 영예가 될 수 없을 뿐더러 적당한 직업을 가려내는 것이 현명하다고 충고하였다. 필자는 글의 서두에서 같은 남성, 같은 여성이라 하더라도 개인의 성격과 재질에 따라 그에 마땅한 직업이 다를 것이라고 하면서도, 다시 남성과 여성에 적절한 직업이 따로 있다고 주장하였다. 그의 말대로 이 시기 조선에서 여성이 자동차 운전수로서 성공하는 경우는 매우 드물었고 대개의 시도는 실패로 돌아갔다. 그러나 필자는 그 도전을 어렵게 만들고 끝내 실패로 돌아가게 하는 원인을 들여다보려 하지 않았다.

1920년대 중반 이후 조선 내에서 여성 해방 문제에 대한 관심이 늘어나면서 여성의 경제적 해방이 선결되어야 한다는 인식 역시 높아졌다. 여성의 직업 영역 및 경제 활동의 참여 증진은 이 시기 여성운동가들의 주요한 화두였다. 여성이 경제적 능력을 길러야 여성 해방이 현실화될 것이라 보았던 것이다. 실제로 이 시기 여성들의 사회 진출이 크게 늘어나고 직업 여성의 수 역시 증가하였다. 1920년대 후반 운전면허에 도전하는 여성 역시 점차 늘어나게 되었다. 이정옥이 면허 취득 당시 밝혔던 바대로 여성에게 허용되지 않았던 영역으로 적극적으로 진출하는 등 직업에 좀 더 철저히 임해 자신들의 경제적인 권리를 신장시키고자 했던 것이다. 그러나 이들의 도전은 시작부터 장애물에 직면하였고 이 때문에 이들의 시도가 경제 활동으로 이어지는 경우는 극히 드물었다.

4. 자동차 안의 유령, 자동차 운전수

2010년 공개되어 인기를 끌었던 영국 드라마 《셜록》의 첫 에피소드 〈분홍색 연구(A Study in pink)〉의 범인은 택시 운전수였다. 이는 코난 도일의 원작 중 「주홍색 연구(A Study in scarlet)」를 각색한 것으로, 「주홍색 연구」에서 마차 운전수였던 범인이 〈분홍색 연구〉에서는 피해자들을 태웠던 택시 기사로 설정되었다. 셜록은 피해자의 물건 중 짐가방이 사라졌다는 것을 알아내고 피해자의 휴대폰에 메시지를 보내 범인을 유인한다. 덫을 놓고 범인을 기다리던 셜록은 범인이 타고 있을 거라 추정되는 택시를 발견하고 추격하지만, 택시에 탄 승객은 이제 막 런던에 도착한 인물이라

범인이라 보기는 어려웠다. 택시의 승객을 보낸 다음 집으로 돌아온 셜록은 피해자의 휴대폰 위치 추적 프로그램을 통해 피해자 핸드폰의 현재 위치가 자신의 집이라는 사실을 알게 된다. 그리고 피해자의 휴대폰을 가지고 셜록의 집에 찾아온 범인은 그가 조금 전 범인이 아니라 판단하고 보낸 승객을 태운 택시의 기사였다. 드라마에서 마침내 셜록과 대면한 택시 기사는 아무도 자신이 범인일 것이라 생각하지 않는다며 자신은 도시의 유령 같은 존재라고 말한다. 택시 운전석에 앉아 어디든 가고 어디에나 있을 수 있지만, 그 존재감은 극히 미미한.

앞서 자동차 모빌리티가 움직이는 밀실을 제공한다고 표현했다. 자동차 내부가 밀실이 될 수 있는 것은, 좀 더 정확히 말해 승객들이 뒷좌석에서 밀실의 모빌리티를 누릴 수 있는 것은 운전석에 앉아 있는 운전수의 존재가 완벽하게 지워졌기 때문이다. 운전수는 운전석에 앉아 자동차의 방향과 속도를 조절하지만, 그것은 그의 의지와는 무관하게 승객에 의해 결정되는 것이었다. 또한 뒷좌석의 승객은 운전석에 앉은 운전수의 존재는 아랑곳하지 않고 애정행각을 펼치고는 했다. 승객들은 운전수를 자동차 장치의 일부처럼 여겼고, 이로써 자동차는 지극히 사적인 공간이 될 수 있었던 것이다.

방인근의 소설 「자동차 운전수」에는 자동차라는 근대의 새로운 모빌리티가 도입한 자동차의 운전석이라는 낯선 공간의 특질이 잘 드러난다. 소설의 주인공은 경제적인 문제를 해결하기 위해 자동차 운전수라는 직업을 선택하였다. 학비를 대주던 아버지가 죽자 시골로 내려가 면서기를 하다가 일에 염증을 느끼고 세간을 처분한 후 운전강습소를 다니게 되었던 것이다. 그가 자동차 운전수가 되기로 결심했던 것은 경제적 문제도 있었지만 자동차를 타고 달리고 싶다는 욕망을 갖고 있었기 때문이었다.

 원래 나는 그전부터 활동사진을 구경할 때 탐정의 자동차가 악한의 자동차를 추격하는 것을 보면 상쾌하고 으쓱해지며 자동차 운전을 하고 싶은 충동이 불 일 듯하였다. 또한 서울 거리거리 장쾌하게 쏜살같이 달아 지나가는 자동차를 볼 때마다 호기심이 번쩍이는 눈을 쏘곤 하였다. 마음이 무겁고 톱톱한 때면 자동차를 운전하야 시원히 돌아다니고 싶은 때가 많았다. 또 몹시 괴로운 때 자살하고 싶은 때 어떻게 죽을까 하는 궁리를 할 제는 약을 먹느니 목을 매느니 하는 것보다도 누구처럼 비행기를 타고 한없이 히늘로 올라다가 기계 고장을 일부러 시켜가지고 뚝 떨어져 죽든지, 그보다도 자동차를 하나 타고 내가 운전을 하여 부산이나 원산이나 의주나 어디든 닥치는 대로 몰아서 끝닿는 바다나 강으로 그저 막 몰아 들어가서 물 속 깊이 자동차와 같이 푹 파묻혀 죽고 싶었다. 하여간 나는 자동차를 좋아하였다. 또한 운전수가 되면 그럭저럭 생활하기에도 괜찮을 것 같아서 그리한 것이다.

—방인근, 「자동차 운전수」

그가 자동차 운전을 하고 싶다는 욕망을 갖게 된 계기는 「무정」의 형식과 유사하게 활동사진이었다. 주인공은 활동사진에서 탐정이 자동차를 타고 악한의 자동차를 추격하는 장면을 보며 자동차를 운전하고 싶은 충동을 느꼈다. 그리고 거리를 쏜살같이 달리는 자동차를 볼 때마다 호기심과 충동을 느끼곤 하였다.

자동차 운전에 대한 욕망과 호기심으로 자동차 운전수를 택했지만, 자동차를 운전하는 일은 당초의 그의 상상과는 전혀 다른 것이었다. 「자동차 운전수」의 운전수는 일찍이 꿈꿨던 대로 자신의 기분에 따라 원하는 곳을 향해, 자신이 원하는 속도로 자동차를 달릴 수 없었다. 그에게는 자동차의 목적지와 속도에 대한 결정권이 주어지지 않았기 때문이다. 이 시기 소설에서 자주 등장하는 영업용 자동차의 경우 자동차의 소유자, 자동차의 경로와 속도에 대한 결정권자, 운전의 실행자는 일치하지 않았다. 자동차의 경로와 속도를 결정하는 것은 뒷자리에 탄 승객이었고, 운전자는 이 결정에서 소외되어 있었다. 자가용인 경우에도 당시 조선에서 자동차의 소유자가 직접 운전을 하는 일은 없었으며 운전을 실행하는 운전수는 속도와 방향에 대한 권리를 소유할 수 없다. 앞서 순영이 바쁘니 빨리 가라며 운전수를 재촉하는 「재생」의 한 장면에서도 알 수 있듯 자동차의 속도와 목적지는 전적으로 승객에 의해 결정되었다.

이 때문에 「자동차 운전수」의 주인공은 운전수가 된 자신의 신세에 대해 한탄한다. 자동차 운전수가 천한 직업은 아니나 자기가 생각했던 것과는 많이 달랐기 때문이다. 그토록 많은 시간과 비용을 치르고 엄청난 경쟁률을 뚫은 후 운전수가 되어도 그가 뒷좌석의 승객에게 고용된 처지라는 점은 부정할 수 없었다. 비록 전문적인 기술을 보유하고 있으며 비교적 많은 임금을 받더라도 그는 어디까지나 사용인이었다. 운전수는 전문적인 기술을 보유하고 있으나 승객의 요구대로 자동차를 운전해야 하는 입장이었던 것이다. 이러한 측면에서 자동차 운전수는 자동차 모빌리티에 가장 근접해 있지만 자동차 모빌리티의 특질과 편의성에서 소외되는 존재였다.

앞서 「재생」의 봉구와 순영이 자동차 안에서 단둘이 있는 것처럼 행동할 수 있는 것은, 즉 밀실의 모빌리티가 발생하는 것은 운전석에 앉은 사람의 존재가 지워짐으로써 비로소 가능해지는 것이었다. 봉구가 순영과 '단둘이' 자동차로 달리는 상상을 했을 때, 앞자리의 운전석이나 여기에 앉은 운전수의 존재는 그의 의식에는 존재하지 않았다. 봉구와 순영은 자동차 내부에 자신들만이 존재한다고 여겼던 것이다. 봉구와 순영의 자동차 밀회 장면에서 운전수가 언급되는 것은 순영이 그에게 좀 더 빨리 달리라며 재촉할 때, 단 한 번이었다. 그리고 백윤희의 집에 가기 위해 백윤희의 자동차를 타고 오빠 순기의 집으로 가 순기를 태우는 장면에서 순기는 "왕과 같은 위엄으로 모자를 벗고 섰는 운전수는 보지도 아니하고 슬쩍 올라 앉"는다.

이 자동차가 순영이가 처음 보는 화려한 것인 것도 한 이유지만은 그보다도 더 큰 이유는 순영의 오늘 기분이다. 오늘 따라 순영은 맘이 왜 이렇게 봄날 종달새 모양으로 날개를 돋히며 둥둥 떠오를까. 순기가 왕과 같은 위엄으로 모자를 벗고 섰는 운전수는 보지도 아니하고 슬쩍 올라앉을 때에 순영은 만족하게 웃는 눈으로 그를 보았다. 「뿡」 길게 한 소리를 내고는 자동차가 움직였다. 좁은 골목을 가만가만히 굴러 나가 바다와 같은 종로 거리로 나설 때에는 초가을 볕이 바닷물과 같이 온 세상을 덮은 듯하였다.

— 이광수, 「재생」

이처럼 「재생」에는 자동차가 매우 자주 등장하지만 운전수나 운전석이 소설에 등장하는 것은 매우 드물다. 소설 속에서 운전수가 언급되는 것은 순영이 속도를 재촉하거나 깍듯이 모자를 벗고 예를 차린 운전수를 순영의 오빠가 보지도 않고 차에 오르는 장면 정도였다. 이는 기차 내의 다른 승객을 지속적으로 의식했던 「무정」의 형식이나 병욱의 행동, 사유와는 분명히 구별된다. 자동차의 내부에 존재하므로 공간적으로는 지극히 가깝지만 「자동차 운전수」에서 주인공이 표현하듯 운전석과 뒷좌석의 구획은 "갈라놓"은 듯 명확했고, 뒷좌석에 앉은 승객들에게 운전석과 운전수는 부재하는 공간, 부재의 존재였다. 자동차 내의 사적인 밀실의 발생, 그 안에서 이루어지는 내밀한 대화와 행위는 운전석을 지움으로써 비로소 가능했던 것이다.

그리하여 운전수는 자동차 내에서 마치 유령과 같은 존재가 된다.「자동차 운전수」에서 주인공은 그간 자신을 본체만체하는 기생에게 아니꼬운 생각이 들어 월급을 받자마자 월급의 반을 들여 세련된 양복을 사 입는다. 영업소로 돌아온 주인공은 명월관에서 자동차를 보내달라는 전화가 오자 반색을 하며 새 양복을 입고 명월관 앞으로 자동차를 달려간다. 그는 이제나저제나 기생들이 자신의 새 양복을 보아주었으면 하고 조바심을 내지만 그들은 여전히 운전수를 쳐다보지도 않고 뒷좌석에서 자신들만의 대화를 나눈다.

> 그러나 기생은 그들 신사와만 이야기하고 웃고 무슨 짓을 하는지 하여간 내게는 아무 상관이 없다. …… 요런 기가 막힐 일이 있나, 한 자동차 안에 한 때에 즉 공간과 시간을 같이 차지하고 있는 같은 사람 내가 왜 사 입었노. 넥타이가 펄펄거리면 어쨌단 말인고, 내가 기생을 좋아할 필요가 무엇이며 기생이 나를 좋아한들 또 무엇하리요. 기생은 기생이오 신사는 신사요 운전수는 우전수, 떡 갈라놓았는데 무슨 일이 있단 말이야. 나는 내 직책대로 운전만 할 것이오, 그 땀 값으로 육십 원을 받아 처자를 보호할 것, 이 외에는 내게 아무 다른 일이 없는 것이 아닌가.
> ―방인근,「자동차 운전수」

그 역시 이러한 상황에 대해 예민하게 인지한다. 한 자동차 내에서 같은 시공간을 공유하고 있지만 이들에게 자신은 없는 존재처럼 여겨지고 있다는 것을 다시금 절감할 수밖에 없었던 것이다. 이처럼 자동차의 운전수는 자동차를 타고 있으되 자동차의 시공간과 속도를 소유할 수 없을 뿐더러 기차를 함께 탄 초면의 다른 승객만큼의 존재감도 갖지 못한다. 즉 물리적으로는 자동차 내부의 공간을 점유하고 있으되 완벽히 부재하는 것처럼 여겨졌던 것이다.

뒷좌석의 승객에게 자신의 존재가 지워지고 있다는 것을 절감한 운전수는 그들과 자신이 아무런 상관이 없다는 생각을 하게 된다. 같은 자동차에 앉아 공간과 시간을 함께하고 있지만 운전석과 뒷좌석은 전혀 다른 성격의 공간이다. 속도와 방향성을 결정하는 것도, 이동하는 밀실의 모빌리티의 이점을 누리는 것도 뒷좌석의 승객들이며, 운전수는 여기에서 전혀 배제되어 있다. 이처럼 자동차 모빌리티는 자동차 안에서도 서로 다르게 체험되었다. 자동차 안의 공간은 뒷좌석과 운전석으로 분화되었고, 자동차 모빌리티는 뒷좌석과 운전석에서 전혀 다른 방식으로 체험되었던 것이다.

5. 자동차 안의 바깥, 운전석이라는 회색 지대

「재생」에서는 자동차 모빌리티가 빈번하게 등장함에도, 그리고 소설 속 인물들이 이용하는 자동차에는 운전수가 엄연히 존재했음에도 불구하고, 운전수는 소설 속에 거의 등장하지 않는다. 자동차 운전수는 분명 자동차 내부에 존재하고 있지만 뒷좌석의 승객에게는 거의 의식되지 않았던 것이다. 1920년대 중반 조선 내 자동차가 급증함에 따라 소설에도 자동차를 배경으로 하는 장면이 자주 등장했으나, 자동차 운전수가 소설 속에서 그 존재감을 드러내는 경우는 매우 드물었다. 어찌 보면 소설 속 운전수의 부재는 당시 운전수가 어떤 존재였는지를 드러내는 가장 뚜렷한 반증이다. 자동차 운전수는 자동차 모빌리티에 가장 근접해 있으면서도 자동차 모빌리티의 특질과 편의성에서 소외되는 존재였고, 그의 존재가 지워짐을 통해서 비로소 밀실의 모빌리티가 성립 가능했던 것이다.

자동차의 운전수는 승객에 의해 그 존재감이 지워지고 속도와 방향에 대한 결정권에서 배제되는 등 자동차라는 공간 속에서 소외되지만, 자동차의 외부에서 보는 시선에서 그는 명백히 자동차 내부에 속한 존재이다. 이와 관련하여 방인근의 「자동차 운전수」에는 흥미로운 장면이 등장한다. 영도사로 향하는 길에서 자동차를 향해 자동차 바깥의 행인들이 조롱을 퍼부었던 것이다.

한강철교를 지나 전과 같이 퍼런 대문에 인사를 드리고 자동차를 돌려 다시 들어와서 영도사로 향하였다. 나는 아주 술이 깨었다. 오싹하고 추운 기운이 돈다. 자동차가 지날 때마다 사람들은 『애 좋구나』, 『아! 이놈들!』 『괜찮다』 『하하』 『경제공황』 이다 하는 소리가 펄펄 날려 자동차로 들어온다.

자동차 안에서는 또 말대꾸가 나간다.

『좋다』 『고약한 것들』 『어쨌단 말야』 『어멈은 어떻고』

프로와 부르의 쟁투인지 일장 희극인지 비극인지 활극이 열린다. 그것도 꽤 구경스럽다. 그러나 내게는 아무 죄도 없다. 나보고는 제발 욕하지 마소서.

―방인근, 「자동차 운전수」

그런데 뒷좌석의 승객들에게 스스로가 아무런 상관이 없는 존재라는 것을 절감하게 되면서 자동차 운전수 스스로도 자신을 자동차 내부의 승객과 명백히 구분하였다. 여기에서 자동차 운전수는 자신은 죄가 없으니 자기에게는 욕을 하지 말라고 마음속으로 되뇌인다. 운전수는 관찰자의 입장에서 이 실랑이를 "구경"한다. 운전수는 자동차 안의 승객과 자동차 바깥의 행인들을 대거리를 프롤레타리아와 부르주아 계급 간의 쟁투라 표현하며 이 쟁투에서 운전수는 어느 편에도 속하지 않고 이들의 투쟁을 관망하고 있다. 이 시점에서 그는 자동차의 내부, 외부 어디에도 속해 있지 않다. 자동차 운전수는 자동차 속 공간을 점유하고 있으나 자동차 모빌리티에서 소외된 자동차 안의 타자가 된다. 이 점에서 자동차 운전석은 자동차의 안의 바깥에 존재한다고 표현할 수 있을 것이다.

방인근의 소설에서 드러나듯 자동차 운전수는 자동차의 안에 존재하지만 승객과 운전석에서 체험되는 자동차 모빌리티는 전혀 다른 것이었다. 운전수는 자동차의 속도와 방향에 대한 결정에서 소외되고 밀실의 모빌리티가 성립하기 위해 지워져야 하는, 말하자면 이 밀실의 모빌리티 내부의 타자가 된다. 승객이 누리는 자동차 모빌리티의 특성은 운전석을 비가시화함으로써 가능해진다. 그러나 그렇다고 하여 운전수의 존재가 말끔하게 사라지는 것은 당연히 아니다. 그들은 이 밀실의 내부에서 뒷좌석을 응시한다. 운전수는 자동차 안의 바깥에 존재하면서 바깥의 시선으로 내부를 응시하는 내부의 타자가 된다.

몇 년 전 『경향신문』에 "운전기사와 여비서는 알고 있다"라는 제목의 기사가 실렸던 적이 있다. 이 기사에서 운전기사는 "정치인의 그림자"로 표현되었다. 그림자처럼 그를 고용한 정치인과 모든 곳에 동반하므로 그들이 무엇을 하는지 속속들이 알고 있다는 것이다. 드라마에서도 기업의 임원이나 고위 관료의 운전수들이 내부고발자로 활약하는 장면을 어렵지 않게 볼 수 있다. 운전수는 자신이 태운 뒷좌석의 인물과 함께 이동하다 보니 그들이 어디를 가고, 누구를 만나, 어떤 이야기를 나누는지 소상하게 알 수 있다. 뒷좌석에 앉은 이들을 이동시켜주는 동시에 함께 이동하는 운전수들은 분명 자동차 내부에 존재하고 있다. 그러나 뒷좌석에 앉은 이들은 운전석을 의식하지 않는 경우가 많다. 승객이나 자동차의 주인들은 운전수를 자동차의 일부로 여기는 것이다.

이러한 사정은 100년 전이나 지금이나 크게 다르지 않다. 염상섭의 「광분」에는 운전수의 독특한 존재감이 드러나는 장면이 나온다. 소설에서 주인공 경옥은 유학 시절부터 알고 지내던 일본 음악가 중촌(中村)이 자신을 만나기 위해 조선을 방문하자 그와 함께 시간을 보낸 다음 부산까지 그를 배웅하였다. 이러한 사정을 까맣게 모르고 있던 경옥의 애인 정방에게 이 사실을 알려준 것은 같은 적성단의 단원이자 운전수인 김진수였다. 김진수는 경성택시회사에서 운전수로 일하고 있는 자신의 동료가 이들을 태웠다는 이야기를 듣고 정방에게 경옥과 중촌이 몰래 만났다는 사실과 그들이 나누었던 대화의 내용을 알려주었다. 경옥과 중촌을 태웠던 택시 운전수는 둘의 대화를 듣고 이를 김진수에게 전했고, 이것이 결국 정방의 귀에까지 들어가게 된 것이다.

"그러니까 자네 생각에는 민경옥이가 중촌이의 뒤를 따라서 갔다는 말인가?"

정방이 침통한 빛을 감추며 독한 '킹오브킹스'를 두 잔이나 마신 뒤에 천천히 말을 꺼냈다.

"그야 모르지요. 하지만 제 동무의 말을 들으면 중촌이가 떠날 제 자동차 속에서 수작하는 말이 '삼바시(선창)'에서 만난다느니 벳푸니 하고 숙설거리는 것을 보면 아마 부산서 만나가지고 저리 건너들 가나 보다고 하기에 말씀예요…… 그것도 신문에서 이런 것을 아니 보았으면 모를 일이요, 또 저나 저의 동무가 경옥 씨를 모르면야 누가 귀담아 듣겠습니까마는 제 동무만 하더라도 전부터 경옥 씨를 아니까 자연 유심히 보고 듣고 한 것이겠지요."

—염상섭, 「광분」

　중촌은 자동차 안에서 운전수의 존재는 아랑곳하지 않고 경옥에게 수작을 하였다. 그러나 결과적으로 중촌과 경옥이 자동차에 함께 탔다는 사실과 그 둘이 차 안에서 주고받은 대화는 운전수에 의해, 경옥이 가장 숨기고 싶었을 정방에게 전달되었다. 자동차 안의 승객들은 운전수가 마치 존재하지 않는 것처럼 차 내에서 대화와 애정행각을 주고받지만, 운전수는 자동차의 내부에 분명 존재했다. 그리하여 낮말은 새가 듣고 밤말은 쥐기 듣는다면, 차 안의 대화는 운전수가 듣게 되었던 것이다. 자동차의 내부에서 운전수들은 그림자나 유령처럼 그 존재감을 잃어버리고 자동차 장치의 일부처럼 여겨졌다. 그러나 이들은 자동차 내의 공간을 점유하면서 바깥의 시선으로 뒷좌석을 응시하고 기억하여 때때로 목격자, 증인으로 등장하였다.

V.

자동차의 바깥,
차창 너머

1. 가솔린은 문명의 냄새

2022년 기준 전기차, 수소차 등 국내 친환경 자동차 등록 대수가 150만 대를 돌파했다고 한다. 기후 위기 등 환경 문제가 전세계적인 화두가 되면서 모빌리티 산업에 있어서도 내연기관차에서 전기차로의 전환이 이루어지고 있는 것이다. 전기자동차는 의외로 가솔린자동차에 비해 먼저 개발되었으나 배터리의 중량이나 충전 시간 등 효율성의 문제로 대중화되지 못했다. 국내에도 1920년대에 이미 전기자동차가 수입된 적은 있으나 대중적으로 사용되지는 않았던 듯하다.

그림 38 | 1921년 국내 최초로 수입된 전기자동차

1920년대 조선의 거리를 달리는 자동차는 대부분 가솔린을

태우는 내연기관차였다. 그러다보니 자동차가 한번 지나가면 가솔린 냄새가 일대에 진동했다고 한다. 이 시기 소설을 보면 자동차를 묘사할 때 빠지지 않고 등장하는 것이 질주하는 자동차에 따르는 먼지와 코를 찌르는 가솔린 냄새였다. 당시 사람들은 일찍이 맡아본 적 없는 이 냄새를 매우 불쾌하게 여겼다.

자동차가 급증한 이후 가솔린 냄새와 먼지는 경성 거리의 한 상징처럼 여겨지기도 했다. 당시 경성은 도로 상황이 좋지 않은 것에 비해 사람과 자동차의 통행량이 많아 바람이 한번 불면 먼지가 마치 "북악산의 구름"이 피어오르듯 "기차 연통의 연기가 쏟아져" 나오듯 일어 지나다니는 사람은 비록 안경을 썼다 해도 눈을 뜨기 어려운 지경이었다고 한다. 도로에 즐비한 여러 상점의 상품 역시 먼지 때문에 하루에도 몇 번씩이나 씻고 털기를 반복해야 했다. 자동차가 지나는 주변 상가의 상인이나 도로를 오가는 행인들은 이에 강하게 불만을 표했다. 앞서 살펴보았듯 경성부에서는 이러한 불만을 잠재우기 위해 살수차를 도입하여 먼지를 예방하고자 하였으나 자동차가 늘어나면서 살수차로는 역부족인 상태가 되었다.

『동아일보』에는 독자가 보낸 질문에 기자가 지면으로 답을 하는 「응접실」이라는 고정란이 있었는데, 이 중에서 한 독자가 자동차의 먼지에 대한 대책을 기자에게 묻는 장면이 눈에 띈다.

독자 자동차가 한번 호기 있게 지나가면 수백 수천 사람이 그 먼지를 통으로 삼키게 되니 대책이 없을까요?

기자 타는 사람은 그 맛에 타는지 몰라도 된 것 안 된 것들이 기생깨나 싣고 가솔린을 코 앞에 뿜어댈 때에는 행인은 누구나 다 아니꼽게들 생각하겠지오 그러나 도회에 사는 가난뱅이의 비애나 느꼈지 무슨 대책이 있겠습니까 아주 시골로 가버리거나 마스크를 쓰거나 하는 외에야 ......

―「응접실」,『동아일보』, 1929.11.2.

이에 대해 기자는 시골로 이주를 하거나 마스크를 쓰는 것 외에 뾰족한 대책이 없다며, 자동차를 타는 사람들에 대해 불편한 심기를 한껏 드러냈다. 이처럼 이 시기 사람들은 자동차라고 하면 자동적으로 먼지와 가솔린 냄새를 연상했으며, 이는 자동차에 대한 아니꼬움과 불쾌감으로 이어졌다. 특히 날씨가 좋은 봄부터 가을 사이에 기생을 동반하여 놀러가는 이들이 늘어남에 따라 자동차가 크게 늘어나 행인들이나 도롯가에 거주하는 주민들은 눈을 뜰 수 없을 정도로 먼지에 시달리는 경우가 많았다고 한다. 이에 분노한 주민이 지나가는 자동차에 인분을 뿌려 분풀이를 했다는 에피소드가 『동아일보』의 한 기사에 소개되기도 한다. 이것만 보더라도 자동차의 먼지와 가솔린 냄새에 당시 사람들이 얼마나 질색했는지를 짐작할 수 있다. 이 기사에서 기자는 "자동차를 돌아서 호기 있게 지나가는 사람의 마음은 끝없이 유쾌하다 할 것이니 빈번히 그 뒤에서 먼지를 마시게 되는 그 동리 사람들의 마음은 얼마나 한 불쾌를 가지게 되는 것을 가히 알 것이 아닌가?"라며 자동차라는 문명의 이기를 남용하는 것을 경계했다. 기자의 표현대로 질주하는 자동차 안에서 승객들이 누리는 유쾌는 먼지나 가솔린 냄새에 고스란히 노출되어야 하는 자동차 바깥의 불쾌감과 반감에 정비례하는 것이었다.

또한 가솔린 냄새, 먼지와 함께 이 시기 자동차와 관련된 이미지 중 하나는 뽕뽕하는 클랙슨 소리였다. 소설 등 여러 텍스트에서 자동차는 요란한 소리를 내며 달려와 고약한 냄새와 뿌연 먼지를 남기고 사라지는 것으로 곧잘 묘사되었다. 자동차가 내는 이 같은 소음에 대해 많은 사람들은 불쾌한 감정을 드러냈다. 특히 명승지 근처의 주민들은 자동차 소음에 대해 강한 반감을 표했다. 서대문구에 있는 약박골의 약수터는 예부터 물이 좋기로 유명해 찾아오는 사람들이 많았다고 한다. 게다가 1921년 약박골 근처에 자동차가 통행 가능한 신작로가 생기면서 더욱 많은 사람들이 몰려들게 되었다. 특히 돈 많은 부랑자들이 기생을 동반하여 자동차를 타고 와 유흥을 하는 장소로 각광받았던 모양이다. 그러다 보니 이 인근은 항상 자동차의 소음으로 떠들썩하였는데 주민들은 여기에 경기를 일으켰다.

> 약박골약물터는 자래로 여름이면 사람이 많지만은 금년에는 새로이 자동차가 통행할 만한 길이 생긴 까닭으로 이곳도 역

시 부랑탕자의 돈 버리는 처소가 되었다. 그리하야 약물터 신작로에는 자동차의 왕래하는 소리가 그치지 아니하고 약물터에서는 기생이나 잡배의 떠드는 소리가 요란한데 그것도 저녁이면 특별히 심하야 새벽이 되도록 이 광경이 계속한다. 그런데 이 물터와 벽돌 한 장을 격한 곳은 서대문 감옥이다. 이천여 명의 죄수는 더위와 괴로움으로 장장 하일을 보내고 좁은 방 불편한 자리에서 잠을 이룰 때에는 담 밖으로 이러한 소란이 계속되어 편안치 못한 그 잠이나마 자지를 못하게 한다. 더욱이 사형 선고를 받은 죄수는 날마다 날마다 가까워오는 그 무서운 운명 아래에 보통 사람은 짐작도 할 수 없이 한량 없는 번민과 절망에 무한히 신고(辛苦)를 하다가 잠시나마 그 고통을 잊어버리고 저 간신히 눈을 붙이려 할 때에 돌연히 창밖으로 자동차의 나팔 소리와 함께 탕자와 기녀의 흥에 겨운 부르짖음이 울려 들어올 때에 눈을 뜨면 그 밤이 밝도록 다시 잠을 이루지 못하는 모양은 곁에서 볼 수가 없었다 함은 최근에 출옥한 사람의 이야기다.

—「휴지통」,『동아일보』, 1921.8.31.

 더구나 문제는 기사에서 알 수 있듯 이 약수터가 서대문교도소 바로 근처에 있었다는 점이다. 무더위에 시달리는 감옥 내의 죄수들은 밤낮으로 계속되는 자동차 소음으로 잠을 이루지 못할 뿐 아니라, 특히 사형 선고를 받아 신경이 지극히 예민한 사형수들이 자동차의 나팔소리에 시달렸다고 한다. 기자는 유흥객들이

내는 자동차 소음이 서대문교도소 죄수들의 수면을 방해하고 있다고 지적하며 죄수들의 번민과 고통을 헤아렸다. 서대문교도소는 일제 시대 사상범을 수용하는 상징적인 시설로, 그 수감자 대부분은 치안유지법, 보안법 등을 위반한 사상범죄자에 해당했다. 기사에는 명시되어 있지 않으나 기자가 죄수들의 심경을 헤아리는 이유는 여기에 있었다. 조선 사회가 어떻게 돌아가는지 아랑곳 않고 기생을 동반하여 자동차나 타고 유흥을 즐기는 부랑아의 이미지와 자동차 소음으로 고통받는 서대문교도소의 죄수의 이미지를 대비시키면서 자동차 승객에 대한 반감을 노골적으로 드러냈던 것이다.

자동차가 늘어나면서 자동차 경적 소리는 경성을 비롯 도회지 곳곳에 시도때도 없이 울리게 되었고, 많은 사람들이 이 소리에 시달리게 되었다. 사람뿐 아니라 자동차 경적 소리에 놀란 소나 말이 날뛰는 바람에 사고가 나는 경우도 종종 발생했다. 시골에서는 자동차 경적에 놀란 소가 날뛰는 바람에 소달구지를 끌고 오던 차부가 달구지에 치여 사망하는 경우가 발생하기도 했다. 이렇게 요란한 자동차 경적으로 인해 각종 사고가 다발하고 사람들의 스트레스가 높아짐에 따라 1931년 당국에서는 도시소음 방지책을 발표하였다. 자동차의 경적 소리로 도회의 소음이 극심하여 이것이 사람들에게 스트레스를 줄 뿐 아니라 수면을 방해한다고 하여 자정 이후로는 자동차 경적을 누르는 것을 금지하였던 것이다.

이렇듯 자동차의 바깥에서 자동차는 주로 악취와 먼지, 소음으로 체험되었다. 행인들이나 도로 주변의 주민들은 자동차가 내는 경적 소리에 질겁했으며 자동차의 질주 뒤에 남은 악취와 먼지에 시달렸다. 유쾌하게 질주하는 자동차의 바깥에 남은 것들은 익숙하지 않은 소음, 고약한 냄새, 눈앞을 가리는 먼지였고, 여기에 많은 사람들은 불쾌를 느끼게 되었다. 경성의 거리를 달리는 자동차는 자동차 외부에 있는 사람들의 눈, 코, 귀를 파고들어 즉각적인 불쾌를 선사했는데 이는 행인과 도로 인근 주민들에게 자동차와 승객에 대한 반감을 심어주기에 충분했던 것이다.

2. 살인 자동차, 인명 살상이 본업

방인근의 「자동차 운전수」에는 행인들이 지나가는 자동차를 향해 무차별적으로 욕설과 조롱을 내뱉는 장면이 나온다. 행인들의 이와 같은 조롱은 당시 일반 대중들이 자동차에 갖고 있던 반감을 반영한 것이기도 하다. 당시 자동차는 앞서 언급한 바와 같이 부와 하이칼라의 상징인 동시에 허영과 방탕의 상징이었다. 이는 자동차의 주 이용자가 기생이나 기생을 동반한 손님이었던 것과 무관하지 않았는데, 이 때문에 자동차 도입 초기부터 자동차는 "부랑자나 타는 것"이라는 인식이 팽배해 있었다. 잡지 『개벽』의 주필 김기전은 1924년 경성의 풍경을 분석하면서 자동차와 기생을 경성의 풍경을 어지럽히는 부랑의 상징으로 제시하고는 "돈푼

이나 달랑거리는 철 없는 부랑의 아(兒)들아 속절없이 기생과 자동차에 서울의 풍경을 어지럽게 말"라고 경계한 바 있다.

게다가 빈발하는 자동차 사고는 자동차에 대한 부정적 의식을 더욱 강화하였다. 1920년대 조선 내를 돌아다니는 자동차 수가 증가함에 따라 각 신문에는 자동차 사고, 그중 인명 피해가 발생한 사고 기사가 자주 실렸다. 대구에서 자동차와 자전거의 충돌로 자전거를 몰던 일본인이 사망한 사건을 전하는 『조선일보』 기사의 제목은 「살인자동차」였다. 『동아일보』의 한 기자는 자동차 사고가 증가하는 현상을 비판하며 "인명 살상이 본업이 된, 놀라운 근일의 자동차 사고"라는 제목을 기사에 붙이기도 하였다. 이 기사에 따르면 자동차 한 대가 노인을 친 후 노인을 싣고 도주하는 다소 엽기적인 사건이 벌어지기도 하였다. 이처럼 자동차의 외부에서 바라보는 사람들에게 자동차는 경멸의 대상인 동시에 공포의 대상이었다.

자동차가 경성의 거리를 누비기 시작하면서 자동차 사고 역시 필연적으로 발생하게 되었는데, 당시 경기도 경무부에서는 매해 자동차 사고를 조사하고 그 결과를 집계하였다. 1916년 기준 경기도 내의 자가용과 영업용 자동차는 도합 22대였으며 그에 의해 발생한 사고는 22건이었다. 구체적으로 살펴보면 절벽에서 자동차가 추락한 사고 1건, 자동차와 자전거가 충돌한 것이 1건, 사람과 충돌한 사고가 20건이었다. 사고를 낸 운전수의 국적은 일본인 6명, 조선인 4명, 외국인 2명이었다고 한다. 1920년대 들어 자동차 수가 늘어나면서 자동차 사고는 더욱 빈발하게 되었다. 1926년 『동아일보』에서는 1925년 조선 전체에서 발생한 교통사고 통계를 제시하였는데, 이를 확인하면 자동차 사고 발생률이 상당히 높다는 것을 알 수 있다. 기자는 조선에서도 교통의 발전에 따라 자동차 운전 구간이 이만 사천 리에 이르러 교통 기관에 의해 발생하는 교통사고가 적지 않다고 언급하며 통계를 소개하였다.

	사고 경위	사고 발생 수	사망자 수	상해자 수
철도 사고	국유철도	184	108	6
	사설철도	27	31	18
자동차 사고	도로 불비	29	-	-
	운전수 과실	161	13	122
	피해자 부주의	57	8	15
	차량 혹은 기관 고장	65	-	-
	기타	24	1	27
	합계	336	22	164

표 2 | 1925년 전조선 교통사고 현황

자동차 사고는 도로 불비, 운전수 과실, 피해자 부주의, 차량 혹은 기관 고장, 기타 등 사고 경위를 중심으로 분류되었는데, 이것을 모두 합하면 1925년 조선에서 발생했던 자동차 사고 수는 336건, 이로 인한 사망자와 부상자는 각각 22명, 164건이었다. 통

V. 자동차의 바깥, 차창 너머

계에서 드러나듯 자동차 사고는 철도 사고에 비해서 더 자주 발생하며, 사상자 수를 보더라도 철도 사고 못지 않았다. 더구나 1920년도부터 철도 사고는 감소하는 추세였던 데 반해 자동차 사고는 해마다 늘어나고 있어 당국의 골칫거리가 되고 있었다. 이에 따라 자동차시대, 자동차 황금시대와 함께 "교통지옥"이라는 표현 역시 자주 신문 지면에 등장하게 되었다. 이 시기의 교통지옥은 오늘날처럼 교통의 혼잡, 교통난보다는 주로 교통기관에 의해 발생하는 사고가 늘고 있는 현상을 일컫기 위해 쓰였는데, 주로 자동차에 의한 중상, 역살(轢殺) 사고가 격증하고 있다는 것을 강조하기 위해 교통지옥이라는 표현이 활용되었다.

그림 39 | 1928년 자동차 추락 사고로 3명이 사망하는 사건이 발생하였다. 사진은 사고 다음 날 검사가 사고 현장을 검증하는 장면

그림 40 | 1933년 발생했던 자동차와 전차의 충돌 사고 현장 사진

실제로 1920년대 이후 신문에는 매일같이 자동차 사고 기사가 실렸다. 그리고 이들 기사에서 주로 강조되는 것은 자동차 승

객이나 운전수의 비정함과 피해상의 참담함이었다. 1925년 해남읍에서 장흥으로 가는 차에 노인이 치여서 즉사한 사건이 발생하였다. 자동차회사에서는 피해자의 부인에게 이십 원을 장례비로 지불하며 시체를 가져 가라고 요구하였다. 사망한 노인은 가산이 극빈하여 짚신과 가마니를 짜 부인과 어린 두 딸, 네 식구가 근근이 생계를 유지하여 오던 중에 장을 보기 위해 가마니를 등에 지고 읍내로 들어오다 자동차에 치여 이 같은 참변을 당한 것이었다. 그럼에도 사고를 낸 운전수는 별다른 처분 없이 계속 시내에서 운전을 하고 돌아다녔다고 한다. 피해자의 억울한 사연을 들은 지역 사람들은 그 무리한 처치에 분개하여 의분의 눈물을 흘리고, 자동차의 앞길을 막고 사람의 생명을 이십 원이라는 금전으로 바꿀 수 없다고 항의하면서 정당한 해결을 요구하였나. 이에 항의하였던 사람들에게 경찰 측에서 업무방해 명목으로 구류 처분을 내렸는데, 여기에 불복하여 정식 재판을 요구하는 사건이 발생하였다.

    이러한 상황은 1920년대 소설 텍스트에도 반영되어 자동차 사고로 상해를 입거나 사망한 인물들의 이야기가 소설에 종종 등장하게 되었다. 1920년 『동아일보』에 실린 단편소설 「어린 직공의 사(死)」에는 자동차 사고의 광경이 사실적으로 묘사되어 있다. 소설의 주인공은 담배제조공장에서 일하는 김길영이다. 김길영은 고작 13세밖에 안 된 소년으로 생계를 위해 학업을 포기하고 공장에서 일을 하며 돈을 벌고 있다. 점심도 변변히 먹지 못한 채 하루종일 일을 하고 나온 길영은 퇴근하는 길에 자동차에 치여 사망하게 된다. 전속력으로 달려오던 자동차 바퀴에 깔리게 된 것이다.

찬밥덩이조차 변변히 점심 요기도 하지 못한 열세 살 먹은 어린 직공 김길영은 벤또 그릇을 옆에 끼고 나오면서 "아아- 오늘 해도 이미 어두웠구나! 오늘은 이렇게 지내었으니 내일은 어떻게 지내나. 남들은 다 내 나이에 공부를 하려고 학교에를 다니는데 이 신세는 어찌나 되어 그 하고 싶은 공부 하나 못하고 죽을 기를 다 쓰고 일을 한대여. 아아 더 어둡기 전에 어서 돌아가야겠다. 어머니께서 기다리시었다." 하고 어린 가슴에 끝없는 슬픈 무정한 세상을 원망하는 눈물을 머금고 초연히 서 있다가 등 뒤에서 울려 오는 자동차 소리에 깜짝 놀라서 비켜 서려고 정신없이 옮겨 서는데 이때 마침 저편으로 마주 오는 자동차는 전속력을 다하여 달려오는데 무심중의 놀란 길영이가 별안간 앞으로 비켜서는 바람에 운전수도 미처 어찌할 수 없이 가련한 어린 직공 김길영은 참혹히 치이었다.

"에그머니-" 하는 처참한 한 소리에 어리고 앳되인 김길영의 연약한 몸은 무거운 자동차 바퀴에 쓸려 들어갔다.

자동차는 멈췄다. 이상하게 들리는 비명 소리에 길 가던 사람이 모여 든다.

그 자동차 안에는 금테 안경을 콧등에 걸고 흑 세로 양복에 분홍 와이셔츠 오른손 무명지에 찬란히 빛나는 것은 금강석 반지. 이렇게 차린 부잣집 청년 한 사람과 옥색 의상을 산뜻이 차리고 팔뚝에는 금시계 머리에는 금비녀 꽂은 기생 한 사람과 함께 탔으니 보지 않아도 부랑청년이 기생을 싣고 어느 곳으로 향하던 것이 분명하다.

자동차에 탄 청년의 눈에는 세상에 자기 한 사람만 사람다운 사람 같고 길거리로 걸어다니는 모든 사람들은 다 이 세상에 나올 적부터 선천적으로 자기만 못한 사람이어니 하였다. 이 세상은 모두 자기를 위하여 생긴 것이고 길거리를 걸어다니는 다른 사람들은 무슨 재미로 사는가 하는 마음도 없지 아니하였다. 황금에 눈이 멀어 세상이 어떠한 것인지 모르는 그에게는 해어지고 때 묻은 옷을 입은 빈한한 사람은 사람 같지 아니하였다.

대한문 앞 넓은 마당을 지나올 때에 연초회사 그 공장에서 몰려나오는 가난한 직공들을 보고 그는 빙그레 웃고 기생의 어깨를 치며 "저것도 무슨 재미로 그래도 살겠다고" 하고 소동하듯이 말하였다. 기생은 고개를 갸웃거리고 눈살을 찌푸리며 "글쎄 말이요-" 하고 그 아래 말을 채 마치지 못하여 불쌍한 어린 직공 김길영은 무참히 치여 죽었다. 자동차 바퀴가 길영의 가슴과 턱 아래를 스치고 지나가 갈빗대가 부서지고 턱은 으스러지고 자동차 바퀴는 피로 물들었다.

급하게 죽은 길영의 시체는 아직도 생리작용이 얼른 그치지 아니하야 무슨 이상스러운 소리를 두어 번 지르더니 사지만 꿈질하고 눈을 하얗게 뒤집어 쓰고 억지로 죽는 죽음은 차마 볼 수가 없었다.

—유종석,「어린 직공의 사(死)」

 소설을 쓴 유종석은 당시 소설이 연재된 『동아일보』의 기자였다. 작가는 어린 직공이 자동차 사고로 죽어가는 처참한 광경을 집요하고도 생생하게 묘사하였다. 자동차 바퀴가 가슴과 턱을 깔고 지나가 길영의 갈빗대가 부서지고 턱이 으스러졌으며 바퀴는 피로 물들었다. 주인공 길영은 의식은 잃었으나 생리작용이 멎지 않아 이상한 소리를 지르고 팔다리를 허우적거린 후 눈동자가 하얗게 뒤집어져 그 자리에서 즉사하였다.

 길영과 마찬가지로 퇴근을 하던 노동자들과 길거리를 오가던 사람들은 이 광경을 보고 모여들어 자동차 승객을 비난하였다. 이 소설을 통해 당시 일반 대중들이 자동차 승객에 대해 갖고 있던 인식과 정서를 엿볼 수 있다. 길영을 친 자동차에 타고 있던 청년은 그야말로 전형적인 "부랑청년"이다. 자동차의 뒷좌석에 편안히 앉아 빠른 속도를 즐기던 그는 차창 밖으로 지나가는 담배공장의 직공들을 보고 "저것도 무슨 재미로 그래도 살겠다고"라고 하며 조롱한다. 그는 사치스러운 차림을 하고 역시 호화롭게 꾸민 기생과 동반하여 자동차를 타고 어딘가로 놀러가는 길에 길영을 친 것이었다. 이 작품 속에서 자동차의 뒷좌석에 앉은 승객은 황금에 눈이 멀었으며 길거리에 다니는 사람 모두를 자신의 눈아래로 깔보는 거만한 인물로 묘사된다. 사고를 목격한 소설 속 인물은 승객에 대한 분노를 노골적으로 드러낸다.

당시 사람들이 자동차 사고에 대해 느끼는 공포는 이효석의 소설 「도시와 유령」에도 잘 드러난다. 1928년 『조선지광』에 발표된 이 소설에는 거지 여인이 자동차에 깔리는 장면과 사고의 후유증이 생생하게 묘사되어 있다.

> 나는 거의 실망에 가까운 어조로 이렇게 중얼거리고 대수롭지 않은 듯이 발길을 돌이키려 할 때이다. 사람들의 수물거리는 틈으로 나는 무서운 것을 보았다.
>
> 군중의 숲에 싸여서 안보이던 한 채의 자동차와 그 밑에 깔린 여인네 하나를 보았다. 바퀴 밑에는 선혈이 임리하고 그 옆에는 거지아이 하나가 목을 놓고 울면서 쓰러져 있었다. "자동차 안에는" 하고 보니 아니나 다를까 불량배와 기생년들이 그득하였다.
>
> "오라질년 놈들!"
>
> "자동찰 타니 신이 나서 사람까지 치니."
>
> "원 끔찍두 해라."
>
> 이런 말마디를 주우면서 나는 어느결에 그 자리를 밀려져 나왔었다.
>
> ─이효석, 「도시와 유령」

주인공은 다리가 불편한 여인과 아이를 보고 얼마 전 목격했던 자동차 사고 장면을 떠올린다. 불량배와 기생을 태우고 도로를 질주하던 자동차에 거지 여인이 깔린 것이다. 신나게 속도를 높여 달리는 자동차에 치여 여인은 발목이 끊어지게 된다.

유종석과 이효석의 소설을 통해 알 수 있듯 이 시기 자동차 사고의 장면은 주로 사고의 피해자와 목격자의 관점에서 사고의 참상이 부각되는 방식으로 다루어졌다. 사고를 목격한 이들에게 이 광경은 "끔찍"하고 "무서운" 것이었다. 또 한편으로 자동차 사고를 다루는 텍스트에서 강조되는 것은 자동차 뒷좌석에 앉은 승객들의 사치와 몰지각이었다. 자동차를 타고 속도를 즐기는 승객들의 이와 같은 태도는 가엾은 피해자와 대조되면서 더욱 부정적으로 그려졌다. 이처럼 빈발하는 자동차 사고를 통해 자동차 밖의 사람들은 자동차에 대한 공포심과 동시에 자동차 승객에 대한 강렬한 반감을 가지게 되었던 것이다.

3. 자동차 사고 손해배상청구소송과 목숨값의 셈법

자동차시대와 함께 자주 사용되는 표현은 스피드시대였다. 자동차는 근대의 스피드를 상징하는 모빌리티였으며, 자동차의 승객은 뒷좌석에서 자동차의 스피드를 즐겼던 것이다. 한편 자동차의 이 스피드는 자동차 사고 발생 원인이기도 했다. 1925년 전 조선 교통사고 통계에서 살펴본 바와 같이 자동차 사고가 빈발하는 원인 중 하나는 운전수의 과실, 그중에서도 바로 속도 위반이었다. 1920년대 경성 시내에서 자동차 속도는 시간당 20리(약 7.85km)를 넘지 못하도록 제한되어 있었다. 그러나 시내를 달리는 자동차 가운데 이를 준수하는 경우는 몹시 드물었다고 한다. 한 일본인 운전수가 제한 속도 두 배를 넘는 40리 이상의 속도로 시내를 질주하여 당국의 단속에 적발된 사례도 있었다. 이렇게 규정 속도 이상 차량에 대해서는 과태료 처분이 처해졌다. 당국에서는 속도 위반을 자동차 사고의 주요 원인으로 보고 이에 대한 단속을 엄격하게 진행한 결과 경성 시내에서 하루에도 두세 건씩 발생하던 자동차 사고가 90% 이상 감소하였다고 발표하였다. 또한 1930년 부산에서는 간선도로 기준 시속 15리, 4차선 미만 도로는 12리, 비바람이 치는 경우는 이보다 더 감속하여야 한다는 규정을 발표하였다.

 속도 위반 등 운전수의 과실에 따라 사고가 발생하고 이에 따라 보행자가 상해를 입게 되는 경우가 많았다. 앞서 소개한 1925년 교통사고 통계만 보더라도 운전수 과실로 인한 사고 발생 건수가 피해자의 부주의에 의한 것보다 3배 가까이 높았으며, 이로 인한 사상자 역시 5배를 훌쩍 넘었다. 이렇게 자동차 사고 및 그에 따른 피해가 다발하면서 자동차 사고의 피해자나 유족들이 자동차의 소유주 혹은 회사를 상대로 사고 보상을 요구하는 경우 역시 늘어났다. 자동차 사고로 발생한 피해에 대한 위자료 청구

소송은 1910년대에 이미 제기된 바가 있었다. 자동차 사고로 어린 외아들을 잃은 부모가 제한 속도를 지키지 않은 운전수를 상대로 위자료 2,500원을 청구했던 것이다.

개성에 살던 안국영이라는 사람은 일본인 운전수를 상대로 2,435원의 손해배상 및 위자료 청구 소송을 경성지방법원에 제기하였다. 그는 사고 당시 자동차를 몰았던 일본인 운전수 야기 다케오(八木武雄)를 상대로 손해배상과 위자료를 청구하였다. 1924년 송도면의 한 도로에서 피고가 자동차를 몰고 오다가 원고를 뒤에서 들이받아 왼쪽 다리가 부러졌기 때문이었다. 이 사고로 안국영은 한쪽 다리를 쓸 수 없게 되었다. 그가 청구한 2,435원 중 235원은 치료비, 1,200원은 입원 중 일을 할 수 없게 된 것에 대한 손해배상이며, 나머지 1,000원은 다리를 영구히 쓸 수 없게 된 데에 대한 위자료에 해당하였다.

그 외에 사망자가 발생한 사고도 적지 않았는데, 이 경우 유족들에 의해 소송이 제기되었다. 민영휘의 아들이자 경성 최대 갑부 민대식은 1923년 거액의 위자료 소송의 피고가 되었다. 민대식은 조선에 자동차가 도입된 초기부터 자동차를 소유하고 있었으며, 이에 흥미를 갖고 조병학과 함께 일찍이 자동차 사업에 뛰어들었다. 조선인들은 자동차 영업 허가를 받기 힘들어 주로 일본인들 중심으로 자동차 사업이 이루어졌던 1910년대에 이미 민대식은 자동차 영업 허가를 받고 자동차 사업을 벌였다. 그는 이후 대지주이자 부호였던 조병학과 손을 잡고 경남자동차부(京南自動車部)

를 설립하였는데, 회사가 보유하고 있던 자동차가 사망 사고를 내 유족에게 피소되었던 것이다.

강원도 춘천군 서하면 덕두원리 일백팔번지 정덕자는 변호사 한동리 씨를 대리로 시내 관훈동 민대식 씨와 시내 장교정 십삼번지 조병학 양씨를 걸어서 경성지방법원 민사부에 손해배상과 위자료 금 구천육십오 원의 청구 소송을 제기하였는데 그 소장의 내용을 보면 원고의 남편되는 조충근(40)은 삼작년 십이월 삼십일에 볼일이 있어서 동면 당림리에 있는 당림교를 건나갈 때에 피고들이 공동으로 경영하는 경남자동차부의 소유 자동차 제백칠호가 춘천읍을 향하야 진행하던 중 조충근이와 충돌되어 중상을 당하였으므로 피해자는 즉시 춘천 자혜병원에 입원, 치료하였으나 원래 중상이므로 드디어 그 이듬해 일월 사일에 사망하였는데 조충근으로 말하면 생존하였을 때에 농상입에 종사하여 가족 일곱 사람이 살아갈 만한 생활비를 공급하였던바 죽은 후로 유족들은 생활할 길이 전혀 없이 되었는지라 만약 피해자가 육십 세까지 살았을 것 같으면 이로부터 이십년 동안에 매일 일 원 이상의 평균으로 칠천육백육십오 원의 돈을 벌 수가 있으며 또한 조충근은 아직까지 뒤를 이어갈 아들이 없는데 만약 생존하였을 것 같으면 그 당시에 정덕자는 겨우 나이가 서른다섯 살인즉 넉넉히 아들 한 명을 낳았을 것인데 남편의 사망으로 인하여 후손이 끊어지고 말았으니 위자료로 이천 원을 제공하라는 소송이라더라.

—「구천여 원의 손해배상 – 자동차에 역상치사한 문제」,
『조선일보』, 1923.2.11.

    원고는 자동차에 치여 사망한 조충근의 부인으로 그는 경남자동차부를 상대로 9,000여 원의 손해배상과 위자료를 청구하였다. 이때 청구한 금액은 위자료 2,000원과 손해배상금 7,665원이었다. 손해배상금이 산정된 기준은 사망한 조충근의 연령과 소득이었다. 그가 60세까지 산다고 가정하고 이십 년 동안 매일 1원 이상을 벌 능력이 있으므로 이를 합산하여 손해배상금이 책정된 것이다. 1심 재판에서는 피고 민대식이 원고 정덕자에 대하여 1천 원 배상금을 지불하라는 판결이 내려졌다. 민대식은 이 금액이 지나치게 크다고 항소하여 2심재판에서는 800원의 배상금을 지불하라는 판결이 최종 확정되었다.
    그 외에도 충남 공주의 조선자동차운수주식회사 역시 16,000원의 배상금을 지불하라는 판결을 받기도 했다. 소송을 제기한 것은 사망한 임한식의 자녀들로, 이들은 부친의 사망에 따른 정신적 고통과 생활상 곤란에 대한 손해 배상을 요구하였다. 임한식은 운수회사의 자동차를 타고 이동하는 도중에 당시 음주 상태였던 운전수 이남순의 실수로 자동차가 전복되어 그 자리에서 즉사하였는데 사망 당시 그의 나이는 34세였다. 그가 60세까지 살았다고 가정하면 26년 동안의 경제적 손실이 발생하게 되는데 이를 합산

한 13,000원과 사남매의 정신적 위자료 3,000원, 합계 16,000원을 청구했던 것이다. 공주지방법원에서 원고의 청구가 받아들여졌으나, 원고측에서는 이에 불복하고 항소를 제기하였다.

자동차 사고가 발생하기 시작했던 1910년대부터 1920년대 초반 무렵까지는 사고를 낸 운전수나 자동차회사가 상해에 대한 치료비, 인사 사고의 경우에는 장례비와 사망에 대한 위자료 정도를 지불하는 것이 일반적이었다. 이후 자동차 사고가 빈발하면서 1920년대 이르러서는 이렇게 자동차 사고로 사망자가 발생하였을 경우 손해배상금을 요청하는 민사소송이 자주 제기되었다. 이와 같은 손해배상소송 청구의 법적 근거가 되는 것은 일본 민법의 불법행위에 대한 조항이었다. 1929년 『동아일보』에 실린 「교통공포시대와 법률상 배상 문제」라는 기사에서 기자는 최근 교통사고가 다발함에도 불구하고 피해자가 법률상 수속을 잘 알지 못하여 손해배상 및 위자료 청구를 하지 못하는 경우가 많다고 지적하며 관련 민법 조항을 소개하였다. 민법 제709조에 따르면 고의 또는 과실로 인하여 타인의 권리를 침해하는 자는 이로 말미암아 생(生)하는 손해를 배상할 책임이 있다. 또한 제711조에 따라 타인의 생명을 해한 자는 피해자의 부모, 배우자, 자(子)에 대하여 배상해야 한다. 이와 같은 민법은 1896년 제정되어 1912년 조선민사령에 의해 식민지 조선에도 적용되었는데, 이에 의거하여 자동차 사고의 가해자는 사고에 따른 손해를 배상하여야 하고 사망자의 유족은 배상을 요구할 수 있었다.

그런데 손해배상금이 법정에서 인용되기 위해서는 객관적으로 통용되는 기준이 필요하다. 손해배상 금액을 산정하는 기준은 법조문에는 포함되어 있지 않으나, 관련 기사를 보면 공통적인 기준이 어느 정도는 형성되어 있었던 듯하다. 이 시기 소송을 통해 청구되는 손해배상금은 사망자의 연령에서 60세까지 남은 연수(年數)에 그의 평소 연수입을 곱한 금액이었다. 이 시기 15세 미만과 61세 이상의 노령자는 일반적으로 생산 능력이 없는 연령으로 분류되었다. 즉 16세부터 60세까지가 생산 능력 연령에 해당하므로 사망에 따른 경제적 손해를 계산할 때 기준이 60세가 되었던 것이다. 이처럼 손해배상금을 책정할 때는 생산 능력을 갖추고 있는지 여부가 관건이 되었다. 경제적 활동을 할 수 있는 연수와 그의 평소 수입이 배상금을 책정하는 주요한 기준으로 작용하였던 것이다. 사망자가 아동이거나 노령자인 경우 위자료만 청구하는 것이 일반적이었다.

현재적 관점에서 바라본다면 가해자가 유족들에게 가족의 사망에 대한 금전적인 보상을 지급하는 것이 마땅하고, 이것이 마땅하다면 그에 대한 객관적 기준이 필연적으로 요청된다. 그러나 이 무렵 누군가의 죽음이 경제적 손해로 계량화될 수 있고, 그에 해당하는 비용으로 보상되어야 한다는 식의 사유는 자연스러운 것이 아니었다. 자동차 사망 사고와 관련한 손해배상청구 소송의 소식을 전하는 1920년대 중반의 기사에서 종종 "생명가(生命價)"라든가 "딸을 팔고" 등의 표현이 눈에 띈다. 이는 당시의 기자들이 이처럼 인간의 목숨값을 매기는 상황에 대해 위화감을 느끼고 있다는 것을 보여주는 동시에, 이것이 전에 없던 새로운 현상이라는 점을 드러낸다. 1920년대 후반 본격적인 자동차시대가 도래하면서 이러한 표현은 점점 매체에서 찾아보기 힘들게 되었으며 민법에 근거한 손해배상 청구의 권리 및 손해배상금 산정의 기준은 당연한 것으로 받아들여지게 되었다.

또한 이렇게 인신의 상해가 돈으로 교환 가능해짐에 따라 엉뚱한 최첨단 직업이 생겨나게 되었다. 앞서 살펴본 바와 같이 자동차 사고로 인해 상해가 발생할 경우, 이에 상당하는 배상을 요구할 수 있게 되었는데, 이를 악용한 범죄가 새롭게 생겨났던 것이다. 그것은 바로 달리는 자동차에 고의로 접근하여 상해를 입거나 상해를 가장하여 그에 대한 배상을 요구하는, 일종의 자해 공갈이었다.

부산의 박모라 하는 불량 룸펜이 자동차에 충돌해 치료비를 받는 것에 맛을 들여 경남 도청 부근을 지나가던 자동차를 찍어 뛰어들어 목숨을 건 첨단직업을 시작했는데 이십일 오후 두 시경 자동차에 뛰어들었는데, 일찍이 소문을 듣고 있어 급브레이크를 밟아 정지했더니 박은 부상당한 곳이 없는데도 불구하고 자동차 안의 승객에게 시비를 걸었다. 그런데 그 승객은 도청 뒤편에서 금반지를 강탈당했다는 신고를 받고 현장에 달려온 부산서 형사였다. 이에 즉시 체포되어 첨단직업도 결국 폐업하고 구류 25일에 처해졌다고 한다.

―「목숨 건 첨단 직업(命がけの尖端職業)」,

『부산일보(釜山日報)』, 1933.7.25.

  1933년 『부산일보(釜山日報)』에는 흥미로운 기사가 하나 실렸다. 박모라고 하는 불량 룸펜이 자동차에 충돌해 치료비를 받는 것에 맛을 들여 자동차의 왕래가 많은 경남 도청 부근에서 목숨을 건 첨단 직업, 즉 자해공갈 사기를 계속하고 있다는 것이다. 박모는 지나가는 차에 일부로 뛰어들고서는 부상당한 곳이 없음에도 불구하고 승객에게 배상을 요구하며 시비를 걸었다. 그런데 그가 뛰어든 차에 타고 있던 것은 마침 다른 사건으로 출동한 부산서 형사였다. 공교롭게도 형사의 차에 뛰어든 그는 즉시 체포되어 결국 첨단직업도 폐업하고 구류 처분을 받게 되었다. 기사 자체는 박모라 하는 룸펜의 우스꽝스러운 행각에 초점을 맞추고 있으나, 이 기사를 통해 이 무렵 인간의 신체에 대한 상해, 혹은 생명 그 자체가 경제적인 손해로 받아들여지고 이 손해가 화폐로 교환되는 것이 보편화되고 있음을 짐작할 수 있다.

  자동차시대가 도래하고 자동차 사고, 상해나 사망 사고가 빈발하면서 인신(人身)에 대한 손해배상의 객관적인 기준이 마련되기에 이르렀다. 일본의 경우 민법이 제정된 1800년대 말부터 1910년대에 이르기까지의 여러 판례에 따르면 인신에 대한 손해배상의 법적인 기준이 마련되어 있지 않았다. 손해배상 금액은 재판관의 자유 재량에 맡겨졌으며, 재판정에서 그 근거를 명확히 밝힐 필요가 없었다. 사건의 구체적인 제반 사정이 제시되면 그 금액은 포괄적으로 인정받을 수 있었다. 타인에게 손해를 입혔다면 어떤 식으로든 그에 준하는 보상을 하는 것이 마땅하다는 사고방식은 보편적인 것이라 할 수 있다. 그러나 인간의 상해나 목숨의 값어치를 경제적으로 환산하는 명시적인 관계식은 조선에서나 일본에서나 그 이전에는 유례가 없는 것이었으며, 그 객관적 기준이 마련되어 있지 않았다. 그런데 자동차의 대중적인 확산은 목숨값의 셈법을 급격하게 확산시켰다. 자동차시대가 도래함에 따라 사고 역시 급증하였고, 상해나 사망 등 인신에 끼친 피해를 그에 준하는 금액으로 환산하여 경제적으로 보상하는 것이 자연스럽게 받아들여지게 되었다. 유족들이 손해배상청구 소송을 제기하고, 이것이 법정에서 인용됨에 따라 인간의 생명이 경제적 가치로 환산될 수 있고 그러므로 일정한 금액으로 보상될 수 있다는 것, 그리고 더 나아가 각자의 잠재 생산 능력이 상이하므로 모든 인간의 목숨값이 같지 않다는 것이 법적으로 승인되고 확인되기에 이르렀던 것이다.

    이러한 측면에서 자동차시대의 도래는 자본주의적 시스템과 사고방식을 확산시키는 역할을 하였다고 볼 수 있다. 자동차는 현대의 상징이자 자본주의의 상징으로 받아들여졌다. 미국은 전 세계 자동차의 8할을 보유한 자동차의 왕국인 동시에 자본주의의 첨단이었다. 헨리 포드는 자동차의 왕이자 자본주의의 아이콘으로 불렸다. 자동차의 생산 및 대중화는 2차 산업혁명에서 획기적인 사건이었다. 자동차는 20세기 자본주의를 상징하는 상품으로 자주 언급되어 왔으며 곧잘 자본주의의 꽃에 비유되었다. 즉 자동차는 자본주의적 시스템과 철학이 집약된 상품이다. 1929년의 한 기사에서 기자는 자본주의가 극단으로 발달한 나라의 대도시에는 어디나 자동차 홍수시대가 연출되었다고 하며, 자본주의와 자동차 사이에는 끊을래야 끊을 수 없는 깊은 인과관계가 있는 듯싶다고 결론을 내렸다. 기자는 자본주의의 발달을 가시적으로 표상하는 물건이 바로 자동차라 보고 그러한 의미에서 이 둘 사이를 인과관계로 파악했던 것이다.

자동차! 자동차! 자동차!
현금 자본주의가 극단으로 발달하여 황금이 용솟음치고 있는 나라의 큰 도회에는 어디든지 완연한 자동차의 홍수시대를 연출하고 있으니 먼 서양의 뉴욕, 런던과 같은 전형적 큰 도시는 말할 것도 없거니와 가까운 일본의 대판, 동경 등지만 하여도 벌써 자동차의 홍수시대를 연출하여 거리에만 나서면 버스, 택시, 하이야 등의 가지가지 자동차가 서로 어우러져서 아침부터 저녁까지 쉬임 없이 요란한 대도회의 교향악을 연주하고 있으니 자본주의와 자동차와는 아마 끊을래야 끊을 수 없는 무슨 깊은 인과관계가 있는 듯도 싶다.

―「못된 유행 무사분주 유흥객의 자동차 질주 도락」,

『조선일보』, 1929.4.8.

　자동차는 이처럼 자본주의의 결과인 동시에 이를 다시 견인하는 역할을 했다. 자동차의 대중화는 사람들에게 자본주의의 세계관을 자연스럽게 받아들이게끔 만드는 역할을 하기도 했다. 둘 사이에 일종의 되먹임 기전이 발생했던 것이다. 자동차시대의 도래는 잠재적인 생산 능력을 기준으로 한 경제적 가치로써 인간의 값을 매길 수 있다는 자본주의적 사고 방식을 정당화하는 동시에 확산시키는 역할을 하였다. 인간의 신체나 생명의 값어치는 그 경제적 능력을 통해 매겨지는 것이 자연스러워졌고, 그러므로 생명이나 죽음 그 자체까지 화폐로 교환되는 것 역시 여상하게 여겨지게 되었다. 그리고 이러한 인식 속에서 각자의 생산 능력이 다르므로 인간의 값어치 역시 모두 다른 것이 마땅하다는 계층화와 불평등 역시 자연스럽게 받아들여지게 된다. 이러한 의미에서 자동차는 자본주의적 생산 시스템이 집약된 결과물이자 동시에 대중들을 태우고 자본주의적 세계로 매끄럽게 달려가는 미디어가 되었다.

4. 자동차시대, 김첨지들의 운명은?

자동차가 거리를 누비기 이전, 이동을 위해 이용되었던 주된 수단 중 하나는 인력거였다. 1884년 『한성순보』의 기사에도 인력거에 대한 언급이 드러나는 것으로 보아 인력거의 도입 시기는 1880년대 이전으로 추정된다. 도입 이후 인력거의 수요는 꾸준히 늘어났으며 이에 비례하여 1920년대 초반까지 인력거와 인력거꾼의 수 역시 지속적으로 증가하였다. 그러나 자동차가 등장하면서 인력거꾼들은 큰 타격을 받을 수밖에 없었다. 더욱이 1925년 이후 택시 영업이 본격화되면서 이러한 상황은 가속화되었다.

인력거는 속도, 쾌적함, 외부와의 공간 분리 등 자동차 모빌리티가 제공하는 이점을 갖추지 못하고 있었고, 저렴한 이용료를 제외하면 경쟁력이 떨어질 수밖에 없었다. 그런데 인력거 요금이 더 저렴하다고 하더라도 자동차는 인력거에 비해 좀 더 많은 사람을 태울 수 있다는 장점이 있었다. 인력거가 한두 명의 승객을 태웠던 것에 반해 승객용 자동차의 경우 일반적으로 운전수를 제외하고 최대 4~5인까지 탑승이 가능했던 것이다. 택시 영업에 대한 허가가 나면서 택시 요금이 통일되었는데, 1925년 당시 경성부청부터 광화문까지는 1원 30전, 경성역까지는 1원 20전, 동대문까지는 2원, 동물원까지는 1원 80전이었다고 한다. 1925년 기준 경성부청은 본정 1정목 52번지에 있던 구청사로, 현재로는 신세계백화점 본점 위치였다. 당시 『중외일보』의 기사에 따르면 만약 택시를 타고 4인이 경성부청에서 창경궁에 있는 동물원까지 이동할 경우, 한 사람당 45전씩 지불하게 되므로 인력거보다도 오히려 비용의 부담이 적어지게 되었다. 기자는 이러한 상황을 분석하며 자동차 택시의 등장으로 인력거꾼들이 영업에 큰 타격을 입게 될 것이라 예측하였다.

특히 당시 인력거꾼은 대부분 빈민계층에 속했다. 인력거꾼들은 거의 인력거 회사에 고용된 형태로, 그들의 수입 중 많게는 절반 이상을 회사에 납부해야 했다. 그리고 이들은 자동차 운전수처럼 특별한 기술이나 면허를 보유하고 있지 않았으므로 다른 업종으로 전직하는 것도 쉽지 않았다. 이에 『조선일보』의 기자는 「자동차와 인력거」라는 사설에서 자동차가 급증하여 교통의 편의가 증가하는 것은 시민 일반이 모두 환영할 일이나, 자동차가 늘어나는 것을 두려워하고 원망하는 사람들도 적지 않다고 지적하였다. 자동차와 같은 기계의 이용과 발달은 생활을 향상시키고 물질적인 방면을 더욱 풍부하게 하는 동시에 문화적인 발전 역시 견인하게 될 것이나 한편으로는 많은 노동 인구가 자신의 직업을 잃고 방황하게 될 것이라고 예측했던 것이다.

자동차시대를 체감하고 있는 것은 경성 시민뿐만이 아니었다. 1929년 『부산일보』에는 "부산에 찾아온 자동차시대"라는 제목의 기사가 실렸다. 이 기사에서는 부산에도 바야흐로 자동차시대가 도래함에 따라 인력거는 자취를 감추고 있다고 진단하였다. 부산 내의 자동차 대수는 매년 증가하는 반면 인력거는 영업용, 자가용 모두 감소하고 있다는 것이다. 기사에 따르면 1929년 기준 부산 내 자동차는 관청용 32대, 자가용 26대, 택시 등 영업용 72대이며 영업 허가를 신청한 회사의 자동차를 합하면 영업용만 최소 94대인 데 비해 인력거는 영업용 31대, 자가용 16대로 해마다 감소세가 뚜렷하였다. 해당 기사의 기자는 인력거는 자동차의 기세에 눌려 수 년도 채 못되어 사라지고 자동차만 사용될 것이라 예측하였다.

또한 영업자동차의 비약적 증가에 따라 발생한 택시 요금 인하 경쟁 역시 인력거와 인력거꾼의 입지를 위축시켰다. 자동차영업회사가 늘어나면서 경성 시내에는 1원 균일가 택시가 유행하였다. 경성 시내에서는 어디를 가든 4인 탑승 기준 1원의 요금만 지불하면 되었던 것이다. 이후 1원 택시 외에 50전 택시가 등장하기도 하였다. 1929년 조선박람회를 계기로 조선 내 자동차의 수는 큰 폭으로 증가하였다. 특히 박람회를 보려고 상경하는 관람객이 늘어나면서 당시 버스, 전차 등 교통기관의 수입이 평일의 두세 배 가량 되었다고 한다. 이에 따라 가장 크게 늘어난 것이 바로 택시였다. 박람회 전에는 겨우 500여 대였던 택시의 수는 박람회 이후에는 800여 대를 돌파했다. 조선 내 자동차가 급증함에 따라 자동차회사는 오히려 경영난에 빠지게 되는 경우가 적지 않았다. 이에 택시 업자들은 운임 할인 경쟁에 들어가게 되었던 것이다.

1929년 조선에서는 최초로 평양에서 오십전 택시가 도입되었다. 그리고 경성에서는 1931년 이로하택시회사에서 오십전 택시를 도입하였다. 시내는 오십전 균일 요금이며, 시외는 기존 택시 운임의 반값이었다. 기본 운임을 기존의 반값으로 줄여 경쟁력을 높이고자 한 것이다. 오십전 택시는 삼륜 소형 자동차로 이용하였는데, 이 자동차는 최대 3인이 탑승 가능했으므로 승객은 최대 2인까지 탈 수 있었다. 『동아일보』의 기자는 오십전 택시의 도입을 알리며 이것이 일반 택시보다는 인력거 영업에 더 막대한 피해를 줄 것이라 예측하였다.

이후 다른 지역에서도 70전, 80전 등 운임을 할인하는 경우가 늘어나면서 인력거 회사와 인력거꾼들은 더욱 위협을 받게 되었다. 1928년 평양 경찰부에서는 일원 균일 택시 요금을 한 사람만 타는 경우 오십전으로 할인하라는 명령을 내렸다. 승객이 한 명만 타는 경우 실질적으로는 오십전 택시가 되는 셈이었다. 이렇게 될 경우 인력거 영업에 큰 피해가 갈 것이 뻔했다. 이에 평양 인력거 차부조합에서는 도청으로 찾아가 보안과장과 면담을 통해 항의의 뜻을 피력하였다. 경찰부의 명령이 실시되면 도내 이백여 명의 인력거꾼들의 호구지책이 곤란하게 되므로 오십전 택시 도입 허가를 유예해줄 것을 요구하였던 것이다. 조합측은 1년만 보류해 주면 어떠한 방법으로든 다른 방면에 취직을 하겠다고 진정하였으나 이들의 뜻이 받아들여지지는 못했다.

실제로 1930년을 전후하여 자동차와 인력거의 운명은 크게 엇갈리게 되었다. 아래는 1933년 신문에 실린 조선 교통 기관 현황을 표로 정리한 것이다.

	1928	1932
자동차	162	460
자동자전거	79	140
자전거	10,293	17,813
마차	3	0
인력거	1,281	132
하적우마차	603	519
하적차	5,573	5,646
계	17,994	24,750

표 3 | 1933년 발표된 1928년과 1932년 교통기관 현황 통계

 이 통계는 1928년과 1932년 조선의 다양한 교통 기관의 규모가 어떻게 변하고 있는지를 드러내는 것으로, 여기에서 인력거가 현저하게 감소하고 있다는 것을 알 수 있다. 자동차는 3배 가까이 늘어나는 동안, 인력거는 거의 1/10 규모로 줄어들었던 것이다.
 자동차의 등장은 인력거 영업을 크게 위축시켜 인력거꾼들의 생계를 위협하였을 뿐 아니라, 도로 위를 질주하는 자동차는 인력거꾼의 신체를 위협하였다. 자동차가 도로의 주인공이 되기 이전 도로의 기능은 다양했다. 도로는 일종의 야외 생활공간이었으며 사람들과 동물은 도로를 자유롭게 돌아다닐 수 있었다. 그러나 자동차가 등장하면서 도로와 도로 규칙은 자동차를 중심으로 재빠르게 재편되었다. 자동차 사고가 빈발하는 원인이 주로 운전수의

과실에 있었음에도 불구하고 당국에서는 자동차 사고를 줄이기 위해 도로에서 행인들이 각별한 주의를 기울일 것을 당부하였다. 1930년대 들어 전라북도에서는 교통사고를 방지하기 위해 보행자의 도로 이용 지침을 담은 인쇄물을 배부하였는데, 여기에 적힌 내용은 자동차가 오면 신속하게 도로의 가장자리로 피할 것, 자동차 앞을 횡단하지 말 것, 보호자 없이 도로에 유아를 보행하게 하지 말 것, 좌측 통행을 준수할 것 등이었다. 이렇듯 도로의 주인은 자동차가 되었고 도로를 오가는 사람들은 자동차를 피하기 위해 각별히 주의를 기울일 것을 요구받았다.

문제는 행인도 행인이지만, 승객을 싣고 자동차와 함께 도로를 달리던 인력거꾼들이었다. 자동차가 등장한 도로 위에서 인력거꾼이 직면하게 된 위협은 주요섭의 소설 「인력거꾼」(1925)에 잘 드러난다. 「인력거꾼」은 작가 주요섭이 중국 상하이에 체류하면서 창작한 것으로 상하이에서 인력거를 끄는 주인공 아찡의 비참한 생활을 보여주는 작품이다. 인력거꾼의 하루를 다룬 이 소설은 현진건의 「운수 좋은 날」과 흡사한 한편, 작품에서 드러나는 인력거꾼 아찡의 모습은 김첨지보다 훨씬 더 처참하다. 「운수 좋은 날」이 김첨지 아내의 죽음으로 끝난다면, 「인력거꾼」은 주인공 아찡의 죽음으로 마무리된다.

8년 동안 인력거 끌던 생각이 났다. 애스톨하우스호텔에서 어떤 서양 신사를 태우고 5리나 되는 올림픽극장까지 가서 동전 열 닢 받고 억울한 김에 동전 두 닢 더 달라고 조르다가 발길로 채우고 순사에게 얻어 맞던 생각이 났다. 또 언젠가는 한번 밤이 새로 두시나 되어서 대동족사(大東族舍)에서 술이 잔뜩 취해 나오는 귀울리(高麗人)신사 세 사람을 다른 두 동무와 같이 태우고 법계 보강리까지 10리나 되는 길을 가서 셋이 도합 10전 은화 한 닢을 밧고 어처구니 없어서 더 내라구 야료치다가, 그들은 이들한테 단장으로 죽도록 얻어 맞고 머리가 깨어져서 급한 김에 인력거도 내어 버리고 도망질 쳐 나오던 광경이 다시 생각이 났다. 그러고는 또 다시 한번 손님을 태우고 정안사로(靜安寺路)로 가다가 소리도 없이 뒤로 오는 자동차에 떠밀리워서 인력거 부수고, 다리 부러진 끝에, 자동차 운전수 발길에 채우고 인도인 순사 몽둥이에 매 맞던 것도 생각이 났다.

―주요섭,「인력거꾼」

인력거 영업을 나섰다가 몸의 이상을 느껴 병원을 찾은 아찡은 결국 의사를 만나지 못하고 집으로 돌아와 쓰러져 인력거를 몰던 8년의 생활을 회상한다. 인력거 삯을 두고 싸우다 순사와 승객에게 맞았던 일과 함께 떠오른 기억은 뒤에서 오던 자동차에 치여 인력거가 부서지고 다리를 다쳤던 일이었다. 크게 다친 아찡은 보상을 받기는커녕 운전수의 발길에 차이고 순사에게 맞기까지 했다.

인력거가 다니던 길에 자동차가 등장하고 자동차가 주요한 모빌리티로 부상하면서 인력거의 이동은 제약되었고, 인력거꾼의 신체는 위협받게 되었다. 당시 신문에는 거의 하루도 빠짐없이 자동차 사고 기사가 실렸는데 그중에는 인력거와 자동차의 충돌 사건도 적지 않았다. 그리고 이렇게 사고가 났을 때 더 위험한 상황에 놓이는 것은 압도적으로 인력거 쪽이었다. 1927년 9월 5일 서대문 근처에서 자동차와 인력거가 충돌하는 사건이 벌어졌다. 영국영사관 부영사의 자동차와 손님을 싣고 달리던 김선봉의 인력거가 부딪쳤던 것이다. 이 사고로 승객 이봉준과 인력거꾼 김선봉이 공중에 날라갔다가 떨어졌다. 인력거꾼은 머리와 다리가 부러져 그 자리에서 즉사하였으며, 승객 역시 다리가 부러지고 인사불성 상태에 빠져 세브란스병원으로 이송되어 응급수술을 받았다. 경성지방법원검사국에서 자동차 운전수를 취조한 결과 사고의 원인은 운전수의 과실로 밝혀졌다. 자동차의 피해는 따로 언급이 없는 것으로 보아 자동차의 승객이나 운전수는 다치지 않았던 것으로 보인다.

1원 균일가 택시의 유행을 알리는 『조선일보』의 기사는 시대의 수천 인력거꾼의 암담한 운명을 예고하며 마무리되었다. 기자는 기계문명이 고도로 발달한 오늘날 비과학적, 비기계적인 직업은 시대에 뒤떨어져 그 자취가 없어지기 마련이라고 전망하며 인력거꾼의 운명을 짚신장사, 나막신장사의 운명에 빗대었다. 기자의 표현대로 자동차의 증가와 그에 따른 인력거의 쇠퇴는 기계문명과 과학의 발달에 따른 필연적인 변화에 가까웠다. 사람들은 더 빠르고 편리한 것을 선호하게 되었고, 경쟁력을 잃은 인력거는 이

제 짚신이나 나막신처럼 소멸의 위기에 처했던 것이다.

자동차의 등장으로 인력거가 줄어들게 된 이후, 경성 시내에만 수천이 넘던 그 많은 김첨지들은 어디로 갔을까? 1933년 『동아일보』의 한 기사에서 지난 5년 모든 교통기관이 늘어났음에도 불구하고 인력거만은 몹시 줄어 뒷걸음질을 치고 있다고 전하였다. 기사에 따르면 그나마 남은 인력거꾼들은 하루 종일 손님을 기다리다 한푼도 벌지 못한 채 가족이 굶주리고 있는 단칸방으로 돌아가기 일쑤였다. 그리고 이렇게 인력거를 이용하는 사람들이 줄자 더 이상 인력거꾼들은 가격을 흥정할 여유도 없이 십 리나 되는 곳을 이십 전에 가자고 하여도 울며 겨자 먹기로 달릴 수밖에 없다고 기자는 전했다. 특별한 기술이나 자본이 없는 인력거꾼들은 전직을 하기도 쉽지 않아 결국 행랑살이나 날품팔이로 몰리게 되었다. 자동차는 그 자체로 근대의 스피드를 표상하는 모빌리티였고, 이를 따라잡을 수 없는 인력거와 인력거꾼은 역사의 뒤안길로 쓸쓸히 밀려날 수밖에 없었던 것이다.

5. 자동차 바깥의 풍경과 행인의 시선

자동차 모빌리티의 특성은 자동차의 외부를 바라보는 승객의 의식에도 결정적인 변화를 가져왔다. 「재생」의 순영은 오빠 순기가 보낸 자동차에 올라타서 그를 기다리는 이 찰나의 순간에 대해 "십 년 동안 학교에서 P부인에게 배운 모든 도덕적 교훈을 이길 만한 큰 인상"을 받게 되었다. 자동차가 제공하는 새로운 시공간의 체험은 순영의 인생에서 한 분기점이 되었던 것이다. 그리고 이와 같은 새로운 모빌리티 체험은 순영에게 새로운 시야를 제공했다.

> 「뿡」 길게 한 소리를 내고는 자동차가 움직였다. 좁은 골목을 가만가만히 굴러나가 바다와 같은 종로 거리로 나설 때에는 초가을 별이 바닷물과 같이 온 세상을 덮은 듯하였다. 바다와 같은 종로 넓은 길에 오고 가는 수없는 사람들이 순영에게는 자기의 자동차 길을 방해하는 하루살이 떼 같기도 하고 넓은 바다의 물거품 같기도 하다. (…중략…) 『귀찮게야 무엇이 귀찮게 굴어요. P부인이 자꾸만 조르시지요…… 아무려면 내가 그 사람한테 가요…… 오빠 웬일인지 그이가 싫어요. 그이가 우리 학교 선생으로 온다나. 오면 대수요?』-하고 순영은 고개를 기울여 휙휙 지나가는 길가 집들을 바라본다. 순영이는 마치 그 집들이 당성냥갑이 바람에 불려가는 것 같았다.
> ―이광수, 「재생」

자동차의 뒷좌석에서 순영은 자동차 바깥의 풍경과 거리를 지나다니는 사람들을 물끄러미 바라본다. 이때 순영의 눈에 비친 자동차의 외부는 자신이 일상적으로 오가던 길이지만 사뭇 다르게 비친다. 자동차 안의 시야는 자동차 밖의 시야와는 전혀 다른 것이었다. 순영의 눈에 차창 너머의 행인들은 하루살이 떼나 물거품 같고 자동차의 진행에 따라 뒤로 밀려나는 길가의 집들은 바람에 불려가는 당성냥갑처럼 비친다. 즉 순영은 차창 너머의 행인이나 길가에 위치한 집들을 물거품이나 바람에 휘둘리는 성냥갑처럼 미미하고 무의미한 것으로 업신여기고 더 나아가 자동차의 길을 방해하는 하루살이 떼처럼 성가신 것으로 여기고 있는 것이다.

이처럼 자동차 뒷좌석에 앉은 인물의 시야는 기차 속 인물의 시야와는 판이하게 다른 것이었다. 「무정」의 형식은 평양으로 가는 기차를 하숙집 노파와 같이 타게 되었다. 평소 형식은 무식하고 계산적인 노파를 속으로 혐오하고 있었다. 그러나 함께 탄 기차 안에서 그는 이제껏 경멸하던 노파를 비롯하여 기차 안에 탄 다른 승객들을 보며 그들과의 유대감을 느끼고 그들이 자신과 같은 사람이라는 깨달음을 얻었다. 그뿐 아니라 평양에서 돌아오는 길에서 형식은 "차에 같이 탄 사람들이 모두 다 자기의 사랑을 끌고 모두 다 자기에게 말할 수 없는 기쁨을 주는 듯"한 감각을 느끼게 된다.

이렇게 생각하고 형식은 다시 노파의 얼굴을 보았다. 이때에는 노파에게 대한 밉고 더러운 생각이 스러지고 도리어 불쌍한 생각이 난다. 형식은 생각하였다. 자기도 그 노파와 같은 경우에 있었더면 그 노파와 같이 되었을지요, 그 노파도 자기와 같이 십오륙 년간 교육을 받았으면 자기와 같이 되리라 하였다. 그리고 차 실내에 곤하게 잠든 여러 사람을 보았다. 그중에는 노동자도 있고, 신사도 있고, 욕심꾸러기 같은 사람도 있고, 흉악한 듯한 사람도 있다. 또 그중에는 조선 사람도 있고 내지 사람도 지나 사람도 있다. 그들이 만일 깨어 앉아 서로 마주본다 하면 혹 남을 멸시할 자도 있을지요, 혹 남을 부러워할 자도 있을지요, 혹 저놈은 악한 놈이요, 저놈은 무식한 놈이요, 저놈은 무례한 놈이라 하기도 할지나, 만일 그네를 어려서부터 같은 경우에 두어 같은(교육과 같은) 감화와 같은 행복을 누리게 하면, 혹 선천적 유전의 차이는 있다 할지라도 대개는 비슷비슷한 선량한 사람이 되리라 하였다. 그리고 또 한번 자는 노파의 얼굴을 보았다. 이때에는 노파가 정다운 듯한 생각이 난다.

—이광수, 「무정」

기자에 탑승한 형식은 평소 경멸하던 노파에 대해 정다움을 느끼는 동시에 기차에 함께 탑승한 다른 승객들 역시 자신과 비슷한 사람이라는 동질감을 느끼게 된다. 이렇듯 기차 모빌리티에 의한 동시성의 체험은 함께한 승객에 대한 모종의 연대의식을 제공했는데, 이러한 연대의식이 비단 기차 내의 승객으로만 국한되었던 것은 아니다. 「무정」의 저 유명한 마지막 장면에서 형식은 자신의 주머니에서 기차표를 꺼내어 흔들며 이것이 조선이 주는 기차표이며, 여기에는 밖에서 들들 떠는 사람들의 땀방울이 들어 있다고 역설한다. 형식의 연설 후 형식, 선형, 영채, 병욱은 "너와 나라는 차별이 없이 온통 한몸, 한마음이 된 듯"한 감각을 공유하게 된다. 기차에 탑승한 승객과의 일치감은 더 나아가 조선, 민족으로 확장되었던 것이다.

그리고 그에 앞서 평양에서 돌아오는 기차 안에서 형식은 창 밖의 불빛을 보면서 불빛 아래 사람들의 삶의 모습을 상상한다. 그의 상상은 꽤나 구체적이고 생생하다. 그는 차창 너머의 사람들의 마음을 세심하게 헤아린다.

> 형식은 물끄러미 그 불을 본다. 저 불 밑에는 누가 앉아서 무엇을 하는고. 가난한 어머니가 아이들을 잠들여 놓고 혼자 일어나 지아비와 아이들의 누더기를 깁는가. 잘 보이지 아니하는 눈으로 바늘구멍을 찾지 못하여 연방 불을 돋우고 눈을 비비는가. 그러다가 '아아 늙었구나!' 하고 깁던 누더기에 굵은 눈물을 떨구는가. 그때에 아랫목에서 자던 앓는 어린아이가 꿈에 놀라서 우는 것을 껴안고 먹은 것이 없어서 나지도 아니하는 젖을 물리고 있는 것이나 아닌가. 또는 앓는 외아들을 가운데 놓고 늙은 내외가 자리 위에 서서 번갈아 아들의 몸을 만지고 번갈아 울고 위로하면서 마음속으로 '하느님 내려다봅소서' 하는 것이 아닌가. 이에 형식은 십여 년 전에 세상을 떠난 자기 부모를 생각하였다.
>
> ―이광수, 「무정」

이러한 상상은 십여 년 전에 세상을 떠난 자신의 부모에 대한 생각으로 이어졌다. 형식은 가시적으로 확인되지 않는 기차 밖의 사람들 역시 자신과 같은 사람들이라 생각하고 있는 것이다. 이렇게 기차에 의해 상상되는 "한몸, 한마음"이라는 연대의식은 기차 밖의 사람들, 창밖의 풍경으로까지 확장되었다. 이 점에서 기차는 공동체에 대한 상상을 매우 효과적으로 이끌어내는 모빌리티였다.

다중과 함께, 동시에 움직이는 방식의 기차와 달리 자동차는 사적인 속도와 각자의 방향으로 진행된다. 이러한 자동차 모빌리티의 체험은 거리두기의 감각을 제공했고, 이는 창밖의 풍경을 감상하는 방식에도 적용되었다. 순영에게 자동차 외부를 지나는 행인들은 성가신 하루살이 떼나 의미 없는 물거품처럼 여겨졌다. 기차나 전차가 정해진 선로를 달리는 것과는 달리 자동차는 사람들이 오가는 좁은 길목을 좀 더 유연하게 파고들 수 있다. 철도를 따라 달리는 기차 안에서는 창밖의 풍경, 즉 마을 전체 등을 망원경의 시선으로 선반석으로 조망할 수 있었다면, 자동차 안에서는 창밖 사람들의 삶의 모습을 좀 더 근접하게 관찰하는 것이 가능해진다. 그러나 역설적으로 타인의 일상을 지근거리에서 구체적으로 관찰할 수 있는 자동차의 내부에서 순영은 이들에게 유대감이나 친밀감을 전혀 느끼지 않는다. 기차 안에서 사람들의 실제 모습을 보지 않은 채 상상되었던 유대감은 자동차의 바깥을 통행하는 사람들을 맞닥뜨리는 순간 허물어졌다. 순영에게 자동차 밖의 사람들은 자동차의 진로를 방해하는, 즉 자신의 개별적인 시간과 속도의 진행에 방해가 되는 존재이다. 또한 순영은 창 너머의 민가가 자동차의 진행에 따라 뒤로 밀려나는 것을 보며 "당성냥갑이 바람에 불려가는 것" 같다고 생각한다. 차창 밖으로 보이는 풍경은 그야말로 무의미한 풍경이 되었던 것이다.

자동차 내부의 승객들에게 외부의 행인들은 차창 너머의 의미 없는 풍경인 동시에 한편으로는 자신들에게 예상치도 못한 시선을 던짐으로써 자신들의 밀실을 손상시킬 수 있는 잠재적인 위협이기도 했다. 방인근의 「자동차 운전수」에서 자동차 밖 행인들은 자동차를 향해 경제공황이니 하는 조롱을 던지고, 이 조롱을 들은 자동차 안의 승객들은 이에 대해 다시 대거리를 한다. 승객들은 자동차 밖에서 자신들을 비난하는 목소리를 들을 수 있었고, 이에 대한 대거리를 다시 바깥의 행인들에게 돌려준다. 이렇게 자동차 바깥의 행인의 시선과 목소리는 종종 자동차 내부의 밀실을 깨뜨렸고 승객들은 이것을 무시할 수 없었던 것이다. 자동차 외부의 행인들이 자동차 내부의 사람들에게 조롱을 던지고 자동차 안의 승객들 역시 이를 듣고 대거리를 하는 것은 자동차가 정해진 선로가 아니라 사람들이 다니는 길목을 헤집고 진행하는 모빌리티이기 때문이다.

기차는 사람들이 다니는 길과는 일정한 거리가 있는 선로를 달리므로 기차 안의 공간을 행인이 들여다보거나 혹은 기차 승객이 창밖에 지나가는 사람들의 얼굴을 확인하는 것은 불가능하다. 반면 자동차는 행인과 길을 공유하며 그들과 교차하여 달린다. 그러므로 승객도 창밖 행인들을 내다볼 수 있고 행인들 역시 차 안을 들여다볼 수 있다.

> 나는 역을 나서 버렸다. 나는 무심코 전차를 타려 정류장에 갔을 때에 별안간 내 앞으로 휙 지나가는 자동차가 있었다. 나는 상을 찡그리며 달리는 차를 볼 때에는 그 안에는 L양과 M이 서로 웃고 지껄이며 장안의 거리를 떠돌아간다. 그를 본 나는 무심코 소리를 내어
> 『아- 더러운 서울』하고 부르짖었다. 그래서 나는 그들과 더러웁게 이 한 서울 안에 한데 섞여 있기가 싫었다.
> 나는 타려던 전차를 그대로 보내고 정거장을 향하야 도로 돌아서 버렸다. 그리고 또다시 급히 이 놈의 서울을 떠나리라 하였다. 때는 아침 여덟 시. 마침 부산까지 가는 차가 있다고 역부가 크게 외치며 돌아다닌다.
>
> —윤귀영, 「흰 달빛」

위의 인용문은 윤귀영의 「흰 달빛」(1924)의 한 장면이다. 윤귀영은 전문 작가라기보다는 신문 기자이자 잡지 편집인에 더 가까웠다. 그는 공주에 거주하면서 『조선일보』 공주 지국의 주재 기자로 근무했으며 지역 문예지 『백웅(白熊)』의 편집 실무를 담당하였던 인물이다. 이 소설은 그가 잡지 『개벽』 창간 4주년 현상 모집에 응모한 작품이었다. 소설의 주인공 나는 L에게 실연을 당했다.

L이 보내온, 경성의 귀족이자 부자인 M과 경성의 한 호텔에서 결혼을 한다는 소식이 담긴 청첩장을 받았던 것이다. 이 소식을 듣고 기차로 경성에 도착한 나는 별안간 자신의 앞을 휙 지나가는 자동차 안의 L과 M을 목격하게 된다. 자신을 버린 연인과 그의 새로운 남자가 자동차를 타고 데이트를 즐기는 것을 발견하게 된 것이다. 주인공은 그들과 같은 공간에 있기 싫다는 생각을 하며 서울을 저주하고는 서울을 떠나기 위해 기차역으로 향한다. 그는 부산으로 가는 차 시간에 맞추어 기차에 올라야만 했다. 이 소설 속에서는 자동차 모빌리티를 소유할 수 없는 주인공이 느끼는 분노가 직접적으로 드러난다. 과거의 연인이 타고 있는 자동차의 바깥에서, 자동차 안의 연인들을 목격해야 했던 그는 서울이라는 도시 전체를 증오하게 되었던 것이다.

경성에 자동차시대가 도래하고 자동차 모빌리티가 과거에 비해 대중화되었다고는 해도 여전히 자동차를 이용하지 못하는 사람이 다수였다. 식민지 시기 내내 조선에서 자동차를 내키는 대로 탈 수 있는 사람은 많지 않았다. 자동차 모빌리티는 자동차의 뒷좌석과 운전석, 즉 자동차의 안에서 체험되는 한편, 더 많은 경우에 자동차의 바깥에서 체험되었다. 즉, 더 많은 사람들이 자동차의 바깥에서 그것으로부터 소외됨으로써 자동차를 체험했던 것이다. 자동차 뒷좌석에 앉은 인물들이 바깥의 행인들에 시선을 던지기도 하지만, 행인들 역시 자동차 안의 인물들을 관찰할 수 있었다. 자동차는 자신과는 다른 방향과 속도로 자신의 앞을 빠르게 지나쳐갔다. 행인들은 그 안을 들여다볼 수는 있지만 소유할 수는 없기에 소외의 감각을 더 깊이 새기게 된다. 이처럼 당시 자동차는 배제와 소외를 극명하게 가시화하는 모빌리티였다. 자동차 모빌리티는 그것을 소유했거나 소유할 수 있는 사람에게는 자신을 남들과는 다른 특별한 존재로 느끼게 만들어 주는 더없는 매혹이었다. 그러나 그것을 소유할 수 없으되 목격해야 하는 이들에게는 생생하고도 극심한 좌절감을 안겨주는 모빌리티였다.

VI.

자동차 모빌리티, 그 거센 변화의 물결
−모빌리티 체험의 분화와 상상적 연대의 붕괴

다시, 이광수의 「무정」과 「재생」으로 돌아가보자. 1917년의 「무정」, 1924년의 「재생」. 10년도 채 지나지 않은 「무정」과 「재생」의 세계는 사뭇 다르다. 소설 속 인물들이 추구하는 가치와 그들이 세계를 바라보는 방식 역시 크게 달라져 있다.

「무정」과 「재생」의 타임라인 사이에는 3.1운동이 존재한다. 이광수의 「재생」은 곧잘 "3.1운동 이후 타락과 퇴화의 서사"(권보드래, 「3·1운동과 "개조"의 후예들 - 식민지시기 후일담 소설의 계보」, 『민족문학사연구』 58, 2015.)로 읽혀 왔다. 동포를 구제하고자 하는 굳은 결심과 포부로 빛났던 「무정」의 청년들은 「재생」에서 제 몸만 아는 이기주의자로 변모하였는데, 그 변화의 원인은 3.1운동의 실패에 있다는 것이다. 그리고 청년들의 타락과 퇴화의 근저에는 조선의 과거와 미래에 대한 명백한 비관이 존재하는 것으로 분석되었다. 다이아몬드 반지나 자동차와 같은 물질에 대한 욕망을 좇아 움직이는 주인공 순영의 행위는 이러한 비관에서 기인한 타락과 퇴화의 결과로 이해되었던 것이다.

그러나 순영의 이와 같은 변화는 경험 세계의 변화에서 기인한 것이기도 했다. 1910년대 「무정」에서 형식의 머릿속에, 언젠가 보았던 활동사진의 한 장면으로 등장했던 자동차는 1920년대 중반 「재생」에서는 주된 모빌리티로 등장했다. 형식이 영채를 찾으려고 전차에 올라 발을 동동 구르며 지나갔던 배오개 고개를 순영과 봉구는 자동차 뒷좌석에 앉아 애정행각을 벌이며 지나친다. 1917년의 「무정」이 기차를 배경으로 한 형식의 연설과 형식으로 대표되는 새로운 청년들의 다짐으로 마무리되었다면, 1924년의 「재생」은 순영과 봉구가 자동차를 대절하는 장면에서 시작되었다. 「무정」의 결말과 그 속편이자 후일담으로 언급되는 「재생」의 시작 부분이 기차와 자동차로 서로 맞물리는 것은 상당히 징후적이다. 「재생」의 첫 장면부터 등장했던 자동차의 요란한 경적 소리는 이러한 경험 세계의 변화를 드러내는 선명한 시그널이었다.

20세기 초반 조선에 처음으로 등장한 자동차의 수는 1920년대 들어 점차적으로 증가하여, 1920년대 후반이 되자 조선에도 이른바 "자동차시대", "자동차 황금시대"가 도래하게 되었다. 1910년대 중반까지만 하더라도 활동사진을 통해 간접 체험되던 자동차는 1920년대가 되면서 경성 거리 구석구석을 누비며 일상의 영역으로 파고들기 시작했다. 모빌리티로서의 자동차는 조선의 교통과 도로 상황을 크게 바꾸어 놓았을 뿐 아니라, 사람들이 공간과 시간을 지각하는 방식을 바꾸어 놓았다. 더구나 1920년대 후반 자동차의 양적 팽창에 따른 자동차시대의 도래는 사람들의 일상적 영역과 사유에도 큰 변화를 가져왔다.

조선 내 많은 신문과 잡지에서 마침내 조선에도 자동차시대, 자동차전성시대, 자동차 황금시대가 왔다고 입을 모아 떠들던 당시 조선 전체를 돌아다니는 자동차는 3,000대였다. 물론 불과 10여 년 전에 두 자리 수이던 자동차가 3천 대를 넘어섰다는 점에서 이는 매우 비약적인 증가였다. 그러나 이 수치는 미국은 물론 일본 등 각국의 보유 자동차 수에 비하면 매우 미미한 수준이었다.

식민지 시기 내내 조선 내 자동차의 수는 최대 만여 대를 넘지 않았다. 1930년대 후반 전시 체제에 돌입하면서 물자의 부족 및 군사 통제 등의 이유로 자동차는 일시적으로 감소세를 보이기도 했다. 자동차가 등장한 이후에도 여전히 화물과 인간의 주된 운송 수단은 철도였으며, 조선 내 교통의 핵심 지위를 차지하는 것은 철도였다. 그럼에도 1920년대 후반 조선인들은 마침내 조선에도 자동차시대, 자동차 황금시대가 도래했다고 느꼈던 것이다. 자동차시대, 자동차 황금시대라는 표현이 이 시기 광범하게 사용되었던 것은 일반 대중의 인식 속에 자동차의 존재감이 그만큼 컸으며 자동차가 불러온 변화가 근본적이고 강력했다는 의미일 것이다.

   자동차 모빌리티의 도입은 새로운 제도와 경험을 이끌어냈고, 이는 자동차의 소유자나 이용자뿐만 아니라 자동차 모빌리티로부터 소외된 사람들의 의식 구조에까지 지대한 영향을 끼치게 되었다. 조선에 등장한 자동차 모빌리티는 인물들의 시공간 인식을 재편하고, 그들을 둘러싼 경험 세계를 극석으로 변화시켰다. 순영이 백윤희의 집으로 향하는 자동차 안에서 과거 P부인에게서 배웠던 10여 년 간의 도덕적 교훈을 이길 만한 큰 인상을 받았던 것 역시 이러한 맥락에서 다시 살펴볼 수 있을 것이다. 그리고 이러한 변화가 비단 「재생」의 경우에 한정되는 것은 아닐 것이다. 자동차 모빌리티의 등장과 1920년대 후반 자동차시대의 도래는 개인의 경험 세계를 크게 뒤흔들었고, 세계를 받아들이는 감각을 바꾸어 놓았다. 그리고 이 변화의 흔적은 근대소설을 비롯 무수한 텍스트에 새겨졌다.

자동차 모빌리티는 기차와 다른 개별적인 모빌리티 체험을 선사하였다. 자동차 내부의 승객과 자동차 밖 행인, 그리고 자동차의 내부에 존재하지만 그 바깥에 존재하는 운전수가 자동차라는 새로운 모빌리티를 받아들이는 방식은 상이했다. 자동차 모빌리티는 안팎을 구획하는 동시에 내부의 공간 역시 승객이 탑승하는 뒷좌석과 운전석으로 재구획하였다. 자동차는 사적이고 비밀스러운 공간과 함께 속도와 방향의 결정권을 뒷좌석의 승객에게 부여하였다. 자동차 모빌리티의 이점을 체감할 수 있는 것은 자동차의 뒷좌석이었다. 자동차는 승객의 변덕스러운 사적인 욕구에 유연하게 대응하는 한편, 이 사적인 욕구를 더욱 촉발시켰다. 그리하여 자동차는 밀회와 신혼여행을 위한 효과적인 수단으로 부상했다. 인물들이 이동하는 밀실 가운데서 내밀한 대화와 행위를 주고받으면서 기차 안에서와 같은 타인의 시선과 존재에 대한 의식은 옅어져갔다.

그런데 이처럼 단둘만의, 밀실의 모빌리티가 창출되는 것은 운전석과 거기에 앉은 운전수의 자리가 지워짐으로써 비로소 가능한 것이었다. 자동차를 실제로 움직이는 것은 운전수이지만, 그들에게는 자동차의 속도나 방향을 결정할 권리가 주어지지 않았다. 그리고 자동차 안에서 이들은 보이지 않는 유령 같은 존재로 취급되었다. 운전수는 자동차 모빌리티의 가장 가까운 곳에 존재하는 동시에 모빌리티의 혜택으로부터 소외되었던 것이다.

또한 자동차의 시대가 도래하기 전 공동 생활공간에 가까웠던 도로의 규칙은 자동차를 중심으로 재편되었다. 자동차는 도로를 제 것처럼 달리며 소음과 먼지, 악취를 뿜어냈고, 이것은 전적으로 도로 위의 행인이나 도롯가의 주민들이 감당해야 할 몫이 되었다. 게다가 도로 위에서 자동차의 속력과 방향을 채 예측하지 못하고 머뭇거렸다가는 상해를 입을 수도 있었다. 행인들은 도로 위를 자유로이 거니는 경험을 잃어버렸으며 도로는 위협적인 공간이 되었다. 그리고 행인들은 더 많은 경우 자동차가 남기는 소음, 먼지, 가솔린 냄새로써 자동차를 체험하게 되었다.

각각의 자동차는 저마다의 방향과 속도를 욕망하며 달렸고, 자동차의 바깥에 있는 사람들은 자동차 모빌리티에서 소외되었다. 자동차의 시대가 왔다고는 하더라도 더 많은 경우 자동차는 자동차의 바깥에서, 보행자의 입장에서 체험되는 모빌리티였다. 심지어 내부에 탑승해 있는 운전자조차 자동차 모빌리티의 혜택에서 완벽히 소외되었다.

옳다 이 세상은 다 그렇다. 여러 가난한 동포들이 울며 불며 애를 박박 쓰는데 여러 부자들은 잘 입고 잘 먹는다. 왜 이렇게 세상은 괴롭고 괴로울 뿐인가. 이 우주에 가득찬 많은 동물들은 아무 걱정 없이 뛰고 즐거워하는데 사람만 이렇게 일생을 안타깝게 지낼까. 하나님의 큰 실수다. 아니 그것은 사람의 죄라고 하는 사람도 있다. 그러나 하나님은 왜 죄란 물건을 일부러 만

들어 사람이 죄를 짓도록 하였노.

—방인근, 「자동차 운전수」

　방인근의 「자동차 운전수」에서 운전수는 낮에 손님을 태워다 주고 받은 돈으로 술을 마시고는 이런저런 생각에 빠진다. 그는 자신이 생존을 위해 애를 써도 겨우겨우 생계를 유지하는 데 반해, 부자인 승객들은 아무 노력을 하지 않아도 잘 입고 잘 먹는 것이 이 세상 전체의 문제라는 생각한다. 그는 세상이 왜 이렇게 불공평하게 만들어져 있는지 의문을 표하며 신을 원망하기에 이르렀다. 자동차의 안과 밖, 운전석과 뒷좌석. 이처럼 자동차는 계급 분절을 강렬하게 시각화하는 모빌리티였고, 운전수와 행인들은 이 불평등을 감지했다.

　존 어리는 『모빌리티』에서 모빌리티의 불평등 현상을 분석하며, "우선 모든 모빌리티는 경제적 자원이 필요하다. 경제적 자원은 사회적 평등을 약화시키는 가장 큰 요인이다."라고 지적한 바 있다. 그의 말대로 모든 모빌리티의 이용에는 경제적 자원이 요구된다. 새롭게 도입되는 모빌리티라면 이를 이용하는 데 더욱 많은 경제적 자원이 필요하다. 더구나 기차에 비해 자동차는 이와 같은 불평등의 틈을 더욱 가시적으로 벌리는 모빌리티였다. 자동차를 소유하기 위해서는 값비싼 주택 이상의 비용이 필요했으므로 자동차의 시대가 왔다고 하더라도 자동차를 소유할 수 있는 것은 극히 특권적인 계급이었다. 그리고 영업용 자동차의 가격이 낮아졌다고 해도 대부분의 사람들이 자동차를 부담 없이 이용할 수 있게 된 것은 아니었다.

더욱이 자동차는 보행자와 도로를 공유하고, 기차와 달리 그 내부를 들여다볼 수 있다는 점에서 그로부터의 배제와 소외를 뚜렷이 체감하게 만들었다. 적어도 기차 안의 승객들은 기차의 속도와 방향을 공유하고 있었다. 그러나 자동차의 경우 각각의 자동차는 각기 다른 방향과 속도를 욕망하며, 자동차의 바깥에 있는 사람들은 자동차 모빌리티에서 소외되었다. 자동차 내부에 존재하는 운전수 역시 마찬가지였다. 이렇게 계급을 시각적으로 확인시키면서 자동차 모빌리티는 운전석과 자동차 바깥의 사람들에게 소외의 감정을 강렬하게 새겼다.

모빌리티 체험의 분화는 경제적인 계급과 밀접하게 관련되는 동시에 근대적 문명이나 교육의 문제와도 직결되었다. 1928년 『별건곤』에 실린 「부부생활의 비밀 대탐험기」라는 기사에는 영국 유학을 다녀온 남편의 이야기가 소개되어 있다. 가정을 근대적으로 개조하기 위해 남편이 선택한 것은 부인에게 트레머리를 시켜 자동차에 태우고는 호텔이나 피서지로 다니는 것이었다. 그러나 남편의 이 같은 눈물나는 노력에도 불구하고 구처는 그의 기대처럼 신여성의 면모를 보이지 못했고, 여기에 답답함을 느낀 남편은 결국 기생첩을 얻게 되었다.

영국 가서 오래 있다가 돌아온 장씨는 귀국하는 중로(中路)

에 돌아와서의 가정 개조 문제를 어찌할까 많이 고심하였다. 가정 개조를 하려면 주부 먼저 개량해야겠으니 이혼 신부 영입 이런 순서가 자꾸 생각되었으나 그것은 경박배(輕薄輩)의 짓이니 이혼을 할 것이 아니라 구처(舊妻)의 두뇌를 개조하는 것이 옳다고 생각하고 귀국하는 길로 방중(房中)에만 있던 부인을 트레머리를 시키고 자동차에 동승하여 호텔로 피서지로 휘 돌아다니며 새로운 바람을 쏘여 주기에 노력을 많이 하였으나 그러면 그럴수록 갑갑해 보이기를 더하야 불과 석 달에 기생첩을 모시었다. 이것은 원래 남자에게 부랑성이 많았고 진중한 고려를 가지고 한 짓이 아니니까 문제가 되지 않으나 좌우간 한 화제가 되던 사실이다.

—「부부생활의 비밀 대탐험기」, 『별건곤』, 1928.8.

영국 유학을 통해 근대적 문명을 접한 남편은 신식 가정을 꿈꾸는데, 이를 위해서 구처의 두뇌는 개조될 필요가 있었다. 이때 구여성의 두뇌를 근대적으로 개조하는 데 동원된 것이 자동차였다. 자동차를 탄다는 것은 신식 차림과 마찬가지로 근대 문명과 교육의 수혜를 가시적으로 드러내는 것이었다.

자동차 모빌리티로부터의 소외가 가시화되는 현상은 앞서 살펴보았던 남편의 신혼여행 자동차 앞으로 난입했던 본부인들의 사례를 통해서도 확인할 수 있다. 이동하는 밀실로서의 자동차 모빌리티의 특성은 근대적 연애 관계를 기반으로 한 신식 결혼의 주인공들이 다른 사람들의 눈치를 보지 않고 신혼여행을 떠나는 과정에서 애정 행각을 나눌 수 있게 만들어 주었다. 그리고 이 밀실 바깥에는 그 남편들의 본부인이 존재했다. 이 본부인들은 근대적 교육의 수혜를 받지 못한 구여성이 대부분이었다. 이들은 어떻게 해도 남편과 함께 자동차의 뒷좌석에 앉아 밀어를 나누며 신혼여행을 떠날 수 없다. 자신을 두고 모던한 방식으로 연애하고, 그 결실로서 혼인을 한 두 남녀를 떼놓기 위해 이들이 선택할 수 있는 것은 그저 몸을 던져 자동차 앞을 가로막거나 차바퀴에 깔리겠다며 드러눕는 것밖에 없었다. 자유연애를 거쳐 혼인을 하고 자동차로 둘만의 공간을 즐기며 신혼여행을 떠나고자 하는 모던보이와 모던걸, 그리고 이를 받아들이지 못하는 구여성은 자동차를 경계로 뚜렷이 나뉘었던 것이다.

    이렇듯 기차나 전차를 통해 사람들이 정해진 시스템에 맞춰 동질적인 시공간을 체험했던 것과는 달리 자동차 모빌리티는 각자에게 분화된 모빌리티 체험을 선사하였다. 그리하여 자동차시대는 모빌리티를 공동의 체험에서 사적이고 개별적인 체험의 영역으로 이동시켰다. 기차나 전차는 주로 함께 탑승하는 방식으로 체험되었다. 기차의 경우 그 내부에서 일등석, 이등석, 삼등석으로 나뉘기는 했지만, 이러한 구분은 오히려 민족의 현실을 발견하고 민족의식을 각성하게 하는 계기로 작용하고는 하였다. 독립운동가이자 잡지 『개벽』의 주필이던 김기전은 만주로 가기 위해 기차를 탔던 경험을 다음과 같이 회상하였다.

차가 경성역을 떠나기 바로 전이다. 무엇인지 한아름의 짐을 안은 늙은 부인 한 명이 나 있는 칸으로 뛰어 들어왔다. 아마 차 시간을 놓칠 뻔 놓칠 뻔하게 와서 급한 마음에 우선 가까운 대로 들어오노라는 것이 그렇게 된 모양이다. 그 부인은 「이제는 되었다」 하는 듯이, 휘적휘적 자기의 앞을 자리를 찾았다. 그러나 이 일이 어찌 무사키를 바랄 수가 있으리요, 곁에 있던 일본인 승객들은 모두 서툰 조선말로 「저리가 저리가」를 연해 부르는데, 무단히 이 의자로 저 의자에 오락가락하던 그 더벅머리 일본 아해는, 무슨 의식이 있어 그러는지 없이 그러는지는 모르거니와, 자기 나라의 말로 「요보는 싫구나, 요보는 싫어─」 하면서, 어름어름하고 있는 그 부인의 뒷잔등을 밀고 있었다. 그 모양이 마치, 그와 같은 돈 없고 힘 없는 조선 부녀를 쫓아내이는 데는 자기도 한몫 참여할 권능이 잇다고 성언(聲言)하는 듯 싶었다. 그런데, 이 부인을 정말로 쫓아내일 사람(給仕)은 왔다, 「차표 보아」 하더니, 그는 데문보하고 그 부인의 팔대기를 이끌고, 업쳐질 듯 업쳐질 듯 하는 그의 정경이야 알 바가 있으랴, 저 끝에 차의 간으로 압송하는 셈이었다. (…중략…)

　차는 떠났다. 얼마 안 해서 차장의 차표검사가 있었다. 내가 내여주는 차표를 보고는, 이상하게도 한참이나 나의 얼굴을 쳐다본다. 마치 네가 어떻게 「이 표를 가졌느냐」 하는 듯 싶었다. 그러나 표가 표이라 「저리가─」 하는 말은 없다. 나는 그 순간에 아까 쫓기어 가던 그 부인네 생각이 났었다. 아아 쫓기어 가는

삼등객, 쫓기어 가는 무산객, 빈 칸, 빈 자리가 여기에 있는데,
그대의 가는 곳이 어디었는고.
　—김기전,「쫓겨가는 삼등객, 그는 돈 없고 권력 업는 조선인
노부(老婦)」,『개벽』제41호, 1923.11.

이등칸에 앉아 기차가 떠나기를 기다리던 그는 한 조선인 노파가 급하게 기차에 올라타는 장면을 목격한다. 아마도 삼등칸 차표를 가졌을 노파는 기차가 떠날 시간이 임박하여 이등칸이니, 삼등칸이니를 생각하지 못하고 허둥지둥 기차에 올랐던 것이다. 노파가 앉을 자리를 찾자 이등칸에 올라 있던 일본인들은 그를 저리 가라며 쫓아내려고 한다. 일본인 아이는 일본어로 "요보"는 싫다며 노파의 등을 밀어낸다. 요보는 당시 일본인들이 쓰는 조선인에 대한 멸칭이었다. 이렇게 이등칸 대부분을 차지한 일본인 승객들은 이등칸에 어울리지 않는 조선인 노파를 쫓아내려 한다. 결국 기차 안에서 일하는 심부름꾼이 와 노파의 치표를 확인하고 삼등칸으로 그를 쫓아냈다. 김기전은 이러한 상황을 물끄러미 관찰하며 노파에 대한 연민을 느낀다. 그리고 김기전 또한 표 검사를 하는 차장에게서 비슷한 시선을 받는다. 이등칸의 표를 소지했으나 차장에게는 김기전 역시 "요보"에 불과했던 것이다. 조선인인 김기전은 차장의 시선 앞에서 앞서 쫓겨나던 노파를 떠올렸다.

김기전의 글에서 드러나듯 이 시기 기차라는 공간은 종종 그 자체로 식민지 조선에 대한 은유로 받아들여졌다. 조선 땅이지만

그에 대한 권리를 차지하고 있는 것은 일본인들이며, 돈 없는 조선인들은 노파처럼 삼등칸으로 밀려나게 된다. 비록 이등칸 표를 소지하고 있으나 김기전은 쫓겨난 삼등칸의 노파에게 동질감과 연민을 느꼈다. 이렇듯 그 자체로 식민지 조선의 상징인 기차 안의 공간은 민족적인 연대를 일깨우는 역할을 하였다. 기차 안에 함께 타고 같은 방향으로 향하면서 승객들은 자신과 다른 승객을 민족이라는 공동체로 인식하게 되었다. 그리고 앞서 살펴본 바와 같이 이러한 인식은 기차의 바깥으로까지 쉽게 확장되었다. 함께 탄 승객들에 대한 유대감은 조선 민족 혹은 더 나아가 전 인류에 대한 상상으로 곧잘 뻗어나갔다.

기차와 달리 자동차는 보행자와 도로를 공유한다. 그러므로 자동차는 행인들의 지근거리에서 질주하게 되는 것이다. 승객들은 차창을 통해 자동차 바깥을 내다볼 수 있고, 자동차 바깥을 지나는 행인 역시 내부의 인물을 식별할 수 있을 정도로 가까운 거리에서 자동차 안을 들여다보는 것이 가능했다. 「재생」의 순영이 행인을 무의미하거나 심지어 자신의 앞을 가로막는 존재로 여겼던 것처럼 외부의 인물들 역시 자동차 안의 인물을 관찰하고 그들에 대한 부정적인 정서를 표출했다. 이렇게 도로와 좁은 길목에서 교차하게 된 자동차의 승객과 행인은 서로에게 무관심하거나, 더 나아가 서로를 훼방이나 위협으로 여기게 되었다.

차창 너머의 풍경은 기차 안에서 조망하던 것과는 전혀 달랐다. 선로를 달리는 기차 안에서는 차창 밖에 저 멀리 존재하는 사람들의 삶을 상상할 수 있었다. 기차 안의 인물들은 한 방향을 달리는 기차의 다른 승객을 비롯하여 보이지는 않지만 머릿속에 상상된 가상의 삶에 대해 유대감을 느꼈다. 이와 달리 개별적인 진로와 속도, 용도에 대응하는 자동차 모빌리티의 체험은 자신의 진로와 다른, 각각의 방향으로 이동하는 승객과 행인들이 도로에서 맞닥뜨리게 만들었으며, 이로써 기차에 의해 구축되었던 가상적 유대감은 해체되기에 이른다. 기차의 안팎에서 개개인의 얼굴과 표정이 식별되지 않은 상태에서, 오히려 그렇기 때문에 상상 가능했던 공동체는 이들이 서로 맞닥뜨린 길 위에서 다시 허물어졌던 것이다.

물론 이 시기의 자동차가 기차를 전면적으로 대체한 것이라 보기는 어렵다. 여전히 장거리 이동에는 기차를 이용했으며, 자동차는 종종 기차의 시간에 대기 위해 이용되었다. 그러나 자동차는 새로운 시공간 경험을 창출해내었고, 이 감각은 되돌릴 수 없는 것이었다. 한 방향으로 달리던 기차에서 각사의 방향과 속도로 달리는 자동차로의 변화는 불가역적인 것에 가까웠다. 자동차는 저마다의 세분된 모빌리티의 체험을 제공했고, 분화되는 모빌리티의 체험은 각자의 경험 세계와 이를 바라보는 방식을 더욱 분절함으로써 전 시대의 공동체에 대한 상상의 허약성을 환기시켰다.

경북대학교 인문교양총서

경북대학교 인문교양총서 1	한글 편지로 본 조선 시대 선비의 삶 ★2011년 문화체육관광부 우수교양도서 백두현 | 10,000원 | 2011.02.28.
경북대학교 인문교양총서 2	오직 하나의 독일을 이덕형 | 9,000원 | 2011.02.28.
경북대학교 인문교양총서 3	데카르트의 역설 문장수 | 10,000원 | 2011.02.28.
경북대학교 인문교양총서 4	미하일 바흐친과 폴리포니야 이강은 | 9,000원 | 2011.06.30.
경북대학교 인문교양총서 5	쏘로우와 월든 숲속의 삶 박연옥 | 7,000원 | 2011.08.30.
경북대학교 인문교양총서 6	존 밀턴의 생애와 사상 최재헌 | 9,000원 | 2011.09.08.
경북대학교 인문교양총서 7	토마스 아퀴나스에게 듣는 인간학의 지혜 이명곤 | 10,000원 | 2011.11.30.
경북대학교 인문교양총서 8	노자의 눈에 비친 공자 김규종 | 8,000원 | 2011.12.26.
경북대학교 인문교양총서 9	세계화 시대의 한국연극 김창우 | 12,000원 | 2012.01.31.
경북대학교 인문교양총서 10	새로운 민주주의와 헤게모니 양종근 | 10,000원 | 2012.01.31.

경북대학교 인문교양총서 11	10개의 키워드로 이해하는 아리스토텔레스 철학 전재원	9,000원	2012.01.31.
경북대학교 인문교양총서 12	삼국유사 원시와 문명 사이 정우락	9,000원	2012.01.31.
경북대학교 인문교양총서 13	자연을 닮은 생명 이야기 이재열	9,000원	2012.01.31.
경북대학교 인문교양총서 14	한국 현대 대중문학과 대중문화 전은경	10,000원	2012.01.31.
경북대학교 인문교양총서 15	함세덕, 그가 걸었던 길 김재석	10,000원	2012.01.31.
경북대학교 인문교양총서 16	니체와 현대예술 정낙림	10,000원	2012.05.30.
경북대학교 인문교양총서 17	탈식민주의의 얼굴들 김지현·박효엽·이상환·홍인식	10,000원	2012.05.31.
경북대학교 인문교양총서 18	임나일본부설, 다시 되살아나는 망령 주보돈	9,000원	2012.07.30.
경북대학교 인문교양총서 19	김시습과 떠나는 조선시대 국토기행 김재웅	10,000원	2012.12.31.
경북대학교 인문교양총서 20	철학자의 행복여행 이상형	10,000원	2013.02.28.
경북대학교 인문교양총서 21	러시아 고전 연애로 읽다 윤영순	9,000원	2013.02.28.
경북대학교 인문교양총서 22	민족의 말은 정신, 글은 생명 이상규	12,500원	2013.08.30.

| 경북대학교 인문교양총서 23 | 영국 낭만주의 시인들의 자연 친화
김철수 | 7,500원 | 2013.10.10. |

| 경북대학교 인문교양총서 24 | 동화가 말하지 않는 진실 - 그림 형제의 동화
김정철 | 7,000원 | 2014.02.19. |

| 경북대학교 인문교양총서 25 | 교양 일본문화론
★2014년 세종도서 교양부문
이준섭 | 9,000원 | 2014.02.28. |

| 경북대학교 인문교양총서 26 | 훔볼트 형제의 통섭
김미연 | 10,000원 | 2014.02.28. |

| 경북대학교 인문교양총서 27 | 사서삼경 이야기
이세동 | 10,000원 | 2014.08.14. |

| 경북대학교 인문교양총서 28 | 증점, 그는 누구인가
임종진 | 9,000원 | 2014.10.22. |

| 경북대학교 인문교양총서 29 | 토니 모리슨의 삶과 문학
한재환 | 9,000원 | 2015.05.29. |

| 경북대학교 인문교양총서 30 | 사고와 언어 그리고 과학과 창의성
김노주 | 10,000원 | 2015.10.20. |

| 경북대학교 인문교양총서 31 | 괴테, 치유와 화해의 시
최승수 | 8,000원 | 2016.09.09. |

| 경북대학교 인문교양총서 32 | 기억의 정치와 역사
황보영조 | 10,000원 | 2017.05.10. |

| 경북대학교 인문교양총서 33 | 일상에서 이해하는 칸트 윤리학
김덕수 | 10,000원 | 2018.04.27. |

| 경북대학교 인문교양총서 34 | 화두를 찾아서
★2018년 올해의 청소년교양도서
김주현 | 10,000원 | 2017.11.30. |

| 경북대학교 인문교양총서 35 | 쾌락에 대하여
전재원 | 9,000원 | 2018.05.28.

| 경북대학교 인문교양총서 36 | 유신과 대학
이경숙 | 10,000원 | 2018.06.27.

| 경북대학교 인문교양총서 37 | 19세기 유럽의 아나키즘
★2019년 세종도서 교양부문 우수도서
채형복 | 10,000원 | 2019.01.29.

| 경북대학교 인문교양총서 38 | 선비와 청빈
★2019년 세종도서 교양부문 우수도서
박균섭 | 9,000원 | 2019.03.28.

| 경북대학교 인문교양총서 39 | 물리학의 인문학적 이해
김동희 | 10,000원 | 2019.10.31.

| 경북대학교 인문교양총서 40 | 비부한선 - 조선시대 노동의 기억
★2020년 세종도서 교양부문 우수학술도서
김희호 | 9,000원 | 2019.12.26.

| 경북대학교 인문교양총서 41 | 누정에 오르는 즐거움
권영호 | 14,000원 | 2019.12.27.

| 경북대학교 인문교양총서 42 | 마당극 길라잡이
김재석 | 10,000원 | 2020.06.19.

| 경북대학교 인문교양총서 43 | 감정, 인간에게 허락된 인간다움
- 다섯 가지 감정에 관한 철학적인 질문
신은화 | 9,000원 | 2020.08.14.

| 경북대학교 인문교양총서 44 | 일연과 그의 시대
한기문 | 10,000원 | 2020.11.16.

| 경북대학교 인문교양총서 45 | 대중서사와 타자 그리고 포비아
김상모 류동일 이승현 이원동 | 12,000원 | 2021.2.25.

경북대학교 인문교양총서 46	일본 미디어믹스 원류 시뮬라크르 에도江戶 손정아 | 10,000원 | 2021.5.18.
경북대학교 인문교양총서 47	막심 고리키의 인간주의 이강은 | 10,000원 | 2021.6.14.
경북대학교 인문교양총서 48	최한기의 시대 진단과 그 해법: 통섭형 인재되기 김경수 | 9,000원 | 2021.7.8.
경북대학교 인문교양총서 49	순례의 인문학 - 산티아고 순례길, 이냐시오 순례길 황보영조 | 14,000원 | 2021.7.8.
경북대학교 인문교양총서 50	새봄, 그날을 기다린다 - 나혜석의 봄은 왔을까 정혜영 | 10,000원 | 2022.5.2.
경북대학교 인문교양총서 51	영국 소설, 인종으로 읽다 허정애 | 12,000원 | 2022.5.2.
경북대학교 인문교양총서 52	『논어』 속의 사람들, 사람들 속의 『논어』 이규필 | 12,000원 | 2022.6.8.
경북대학교 인문교양총서 53	거대한 뿌리: 박정희 노스탤지어 강우진 | 12,000원 | 2022.12.23.
경북대학교 인문교양총서 54	자연과 공생하는 유토피아 - 셸링, 블로흐, 아나키즘의 생태사유 조영준 | 12,000원 | 2022.9.8.
경북대학교 인문교양총서 55	철학으로 마음의 병 치유하기 주혜연 | 12,000원 | 2022.10.31.
경북대학교 인문교양총서 56	애덤 스미스『도덕감정론』읽기 - 상업사회 탐구 김영용 | 15,000원 | 2023.8.14.
경북대학교 인문교양총서 57	1930년대 일본, 잡지의 시대와 대중 -『모던 일본』과 '모던'계 잡지 장유리 | 12,000원 | 2023.8.31.

경북대학교 인문교양총서 58	온라인 친구와 아리스토텔레스의 친구 사랑의 철학 전재원	12,000원	2023.8.30.
경북대학교 인문교양총서 59	일제의 전쟁과 학생 강제동원 - 대구 전쟁시설 건설과 국제법 위반 김경남	13,000원	2024.6.10.
경북대학교 인문교양총서 60	역병의 시대, 조선 지식인의 삶과 공부 송수진	13,000원	2024.7.5.
경북대학교 인문교양총서 61	윤동주의 대학과 형무소 박균섭	15,000원	2024.8.30.
경북대학교 인문교양총서 62	경성에도 자동차시대는 왔다 - 자동차 모빌리티와 정동의 변화 김도경	14,000원	2025.3.14
경북대학교 인문교양총서 63	OTT 플랫폼 영화와 드라마로 읽는 글로벌 문화 콘텐츠 이정화	출간 예정